논·술·세·계·대·표·문·학

38

부활

레프 톨스토이 | 이동진 엮음

H 훈민출판사

시베리아의 한 간이역 풍경

The Best World Literature

부인 소피아와 함께한 톨스토이

만년에 집을 나오는 톨스토이

러시아의 겨울 궁전

톨스토이의 장례식

톨스토이가 사용하던 펜

톨스토이의 묘지

톨스토이 저택 – 지금은 톨스토
이 박물관이 되었다.

The Best World Literature

러시아의 상트페테르부르크 역

톨스토이가 자주 앉았던 나무 의자

구인환(丘仁煥)

서울대학교 사범대학 졸업. 동 대학원 졸업(문학박사)
서울대학교 명예교수, 소설가(현). 서울대학교 사범대학 국어교육연구소 소장(현)
문학과문학교육연구소 소장(현). 국제펜 한국본부 부회장(현)
한국소설문학상(1987). 예술문화대상(1994). 한국문학상(2000)
작품 〈숨쉬는 영정〉, 〈살아 있는 날들〉, 〈일어서는 산〉 외 다수

• **저서** 《한국단편소설의 이해》, 《한국현대소설의 비평적 성찰》,
  《고교생이 알아야 할 소설》, 《고교생이 알아야 할 세계단편소설》 외 다수

윤병로(尹柄魯)

성균관대학교 국어국문학과 졸업. 동 대학원 졸업(문학박사)
성균관대학교 교수, 문학평론가(현). 한국현대소설학회장(현)
한국문예학술저작권협회 이사(현). 한국간행물윤리위원회 위원(현)
한국펜 문학상(1987). 한국문학상(1988). 대한민국문학상(1989)
수필집 《나의 작은 애인들》 외 다수

• **저서** 《현대 작가론》, 《한국 현대 소설의 탐구》,
  《한국 근대 작가 작품 연구》, 《한국 현대 작가의 문제작 평설》 외 다수

홍성암(洪性岩)

고려대학교 국어국문학과 졸업. 한양대학교 대학원 국어국문학과 졸업(문학박사)
동덕여자대학교 교수, 소설가(현). 한국문인협회 회원(현)
한국소설가협회 이사(현). 국제펜 한국본부 소설분과 이사(현). 한민족 문화학회 회장(현)
창작집 《큰 물로 가는 큰 고기》, 《어떤 귀향》 외
대하역사소설 《남한산성》 (전9권) 외 다수

• **저서** 《문학의 이해》, 《현대 작가론》, 《한국 근대 역사소설 연구》 외 다수

기
획
·
감
수

러시아의 젊은이들

논술 세계대표문학을 펴내며

　　21세기의 사회는 '전자 문명 시대'라 일컬어질 만큼 오늘날 전자 산업은 우리 생활의 거의 모든 분야에 다양하게 응용되고 있습니다. 출판 분야 또한 예외는 아니어서, 종래의 서책(Book) 대신에 이른바 '전자책(CD-ROM)'의 출간이 최근 들어 날로 증가하고 있습니다.

　　그러나 이러한 전자책은 영상 또는 모니터상으로 흥미 위주나 백과사전식 지식을 습득하는 데는 효과적일지 모르지만, 문학 공부를 위해서는 별로 도움이 되지 않습니다. 바꾸어 말하면, 문학 공부는 각 지면마다 살아 숨쉬는 표현 하나하나를 독자 자신의 머리로 음미하면서 작품을 읽어 나가는 가운데, 풍부한 상상력의 배양과 함께 작가의 의도와 그 작품의 내면을 깊이 있게 이해함으로써 이루어지는 것입니다.

　　이에 훈민출판사에서는, 자라나는 학생들이 범람하는 영상 매체에 길들여지기 전에, 어려서부터 유명한 세계문학 작품들을 책자를 통하여 감명 깊게 읽고 감상함으로써, 올바른 문학 공부의 기틀을 다지고, 아울러 전인 교육도 할 수 있도록 《논술 세계대표문학(전60권)》을 펴내게 되었습니다.

　　작품 선정은, 초·중·고등학교 국어 교과서와 역사 교과서에 실리거나 소개된 문학 작품을 중심으로 하되, 그리스 신화와 성경 이야기 등의 고전에서부터 중세·근대·현대에 이르기까지 세르반테스·셰익스피어·톨스토이 등 세계 유명 작가들의 장·단편 소설들을 엄선·수록하였습니다. 또 세계의 명시도 별권으로 엮었으며, 특히 각 단락마다 '논술 문제'를 제시하여, 장차 대학입시를 비롯한 각종 '논술 고사'에 예비 지식을 쌓을 수 있도록 배려하였습니다. 아무쪼록, 이 《논술 세계대표문학(전60권)》이 자라나는 학생들에게 문학 공부의 주춧돌이 되고, 나아가 미래를 살아가는 데 정신적 자양분이 되기를 진심으로 바라 마지않습니다.

훈민출판사

차례

부활

톨스토이

지은이

1828~1910년. 러시아의 툴라 근방에서 출생. 주로 가정교사의 교육을 받다가 1844년 카잔 대학에 입학했지만 곧 학교를 그만두었다. 귀족이었던 그는 젊었을 때 상류 사회의 사교 클럽에서 시간을 보냈으나 곧 군에 입대하였다. 군대에서 쓴 처녀작 〈유년 시대〉를 익명으로 발표하여 문단의 시선을 끌었고, 이후 〈소년 시대〉, 〈세바스토폴 이야기〉를 발표하면서 작가로서의 지위를 확고하게 다졌다.

1862년 소피아 안드레예브나와 결혼한 뒤 문학에 더욱 정진하여 〈전쟁과 평화〉, 〈안나 카레니나〉, 〈참회록〉, 〈부활〉 등 많은 문학 작품과 사상서를 발표했다. 그러나 가정 생활의 불행과 모순을 견디다 못한 톨스토이는 1910년 집을 나왔다가 아스포보 역에서 82세의 나이로 세상을 떠나고 말았다.

부 활

여죄수 카추샤

비좁은 땅에서 많은 사람들이 복작거리고 살면서 아무리 자연을 못살게 굴어도, 아무것도 자라지 못하게 돌을 깔거나 마구 풀을 뽑아 버려도, 석탄이나 석유 같은 것으로 공기를 더럽혀도, 숲의 나무를 베고 짐승과 새를 다 쫓아 버려도, 봄은 어김없이 찾아왔다. 풀은 따사로운 햇살을 받으며 가로수 아래고 포장 도로의 틈이고 할 것 없이 돋아나고, 자작나무, 미루나무, 보리수는 은은한 향기를 풍기며 새 잎사귀를 내밀었다. 둥지를 만들기에 바쁜 참새, 비둘기 같은 새들도 즐거워하는 듯했으며, 파리들은 햇살이 내리쬐는 담 주위에서 윙윙거리고 있었다.

이와 같이 나무와 풀, 새와 곤충, 그리고 아이들까지도 모두 봄을 반기고 있었지만, 나이 든 어른들에게는 이 봄날 아침의 아름다움이나 자연의 오묘한 섭리 같은 것은 어떤 의미도 없었다. 그들은 여전히 자기 자신뿐만 아니라 남들까지도 속이고 괴롭히는 일을 그치지 않으며, 오직 서로를 지배하는 일에 머리를 쓰며, 그 일만이 가장 거룩하고 뜻깊은 일이라 여기고 있었다.

모스크바에서 조금 떨어진 작은 마을에 있는 교도소에서도 마찬가지였다. 중요한 것은 봄의 생기가 주는 감동이나 기쁨 따위가 아니라 그 전날 받은 통지서였다. 그것은 오늘, 즉 4월 28일 오전 9시까지 구류

중인 미결수(범죄의 혐의가 있으나 아직 판결을 받지 않은 죄수) 3명—남죄수 1명, 여죄수 2명—을 모스크바 지방 재판소로 출두시키라는 것이었다. 그 중 살인 용의자로 지목받고 있는 여죄수 1명은 개별 호송해야 한다는 단서가 붙어 있었다.

그 명령에 따르기 위해 4월 28일 아침 8시경, 당직 간수장은 고약한 냄새가 진동하는 여죄수 감방 복도로 들어갔다. 핼쑥한 얼굴에 잿빛 곱슬머리, 소매에 금줄을 두른 윗옷에 푸른 띠로 허리를 졸라맨 여간수가 그 뒤를 따라 들어갔다.

간수장은 열쇠 꾸러미를 철커덕거리며 감방 문을 열었다. 그러자 복도에서보다 훨씬 더 역한 냄새가 일시에 쏟아져 나왔다.

"마슬로바, 출정이다!"

간수장이 얼굴을 찡그리며 소리쳤다.

교도소 뜰에는 바람이 들판으로부터 싣고 온 향긋하고 상쾌한 봄의 기운이 흐르고 있었다. 그러나 여죄수들의 떠드는 소리와 맨발을 구르는 소음으로 가득 찬 감방 안은 배설물과 콜타르와 쓰레기 썩는 냄새가 뒤섞여 속이 뒤집힐 것만 같았다. 그 고약한 냄새는 밖에서 들어오는 사람 누구에게나 불쾌하고 침울한 기분을 안겨 주었다.

"서둘러! 뭘 하고 있어, 마슬로바?"

간수장이 감방 안을 들여다보며 버럭 소리를 질렀다.

2분 정도 지났을 때, 자그마한 키에 가슴이 풍만한 젊은 여자가 경쾌한 걸음걸이로 걸어나왔다. 그녀는 흰 옷 위에 잿빛 죄수복을 걸쳐 입고 있었다. 긴 양말에 죄수용 장화를 신고, 머리에 쓴 흰 스카프 밑으로는 일부러 멋을 부린 듯 검은 곱슬머리 몇 올이 흘러내려와 있었다.

그녀는 오랫동안 갇혀 있던 사람들이 흔히 그렇듯이 피부가 유난히 창백하여 마치 움 속의 감자싹처럼 느껴졌다. 한쪽이 약간 사시처럼 보

이는 새카만 눈은, 창백하고 표정 없는 얼굴과는 대조적으로 빛을 내뿜고 있었다.

복도로 나온 그녀는 간수장을 똑바로 쳐다보았다. 명령이라면 무엇이든지 복종할 준비가 되어 있다는 표정이었다.

간수장이 감방 문을 잠그려고 할 때, 안에서 흰 머리에 주름살투성이의 노파가 얼굴을 불쑥 내밀었다. 노파는 마슬로바에게 무엇인가 말을 하기 시작했다. 간수장은 노파의 얼굴을 떠밀고 거칠게 감방 문을 잠가 버렸다.

노파의 얼굴이 사라지며 깔깔거리는 웃음소리가 복도에까지 들려왔다. 마슬로바는 감방 문에 빠끔히 뚫려 있는 작은 쇠창살 문 쪽을 돌아보며 미소를 지었다.

노파는 그 쇠창살 문에 매달려 쉰 목소리로 말했다.

"뭐라고 하든 그저 같은 말만 되풀이해야 돼. 쓸데없는 소리는 입 밖에 내지도 마. 명심해."

"네, 똑같은 말만 되풀이하겠어요. 저도 빨리 끝내고 싶어요."

마슬로바는 고개를 끄덕이며 대답했다.

"그야 똑같은 말을 되풀이할 수밖에. 사실이 달라질 수는 없으니까. 그러면 오늘 끝장을 보게 될 거야."

간수장은 자신의 그럴 듯한 말솜씨에 흡족해하는 얼굴로 걸음을 옮겼다.

"자, 빨리 따라와!"

쇠창살 문으로 내다보던 노파의 눈이 사라졌다.

마슬로바는 간수장의 뒤를 종종걸음으로 따라갔다. 돌층계를 내려서서 여자 감방보다 훨씬 더 악취가 심하고 소란스러운 남자 감방 앞을 지났다. 감방 창살문으로 내다보는 남죄수들의 눈총을 받으며 마슬로바는 사무실로 들어섰다.

사무실에는 총을 든 호송병 두 명이 벌써 대기하고 있었다. 책상 앞에 앉아 있던 서기가 담배 연기가 배어 있는 서류를 한 병사에게 건네주며 턱으로 마슬로바를 가리켰다.

"데리고 가시오."

호송병들은 여죄수를 데리고 정문 쪽으로 갔다. 사잇문이 열려 있었다. 그들은 그 문으로 교도소를 빠져 나가, 시내의 포장 도로로 들어섰다.

거리를 지나가던 사람들이 걸음을 멈추고 호기심 어린 눈빛으로 여죄수를 쳐다보았다. 몇몇은 고개를 내저으며 혀를 차기도 했다.

"얼마나 행실이 좋지 못하면 젊은 여자가 저 꼴이 되었을까?"

아이들은 두려움이 가득한 눈으로 여죄수를 바라보았으나, 옆에 병사들이 있다는 사실에 어느 정도 마음을 놓는 눈치였다. 마을에 숯을 팔러 온 한 농부는, 여죄수에게 다가가서 성호를 긋고 1코페이카짜리 동전 한 닢을 쥐어 주었다. 여죄수는 얼굴을 붉히며 고개를 떨구더니, 뭐라고 중얼거렸다.

여죄수는 많은 사람들의 시선을 느끼며 구경꾼들 쪽을 곁눈질로 훔쳐보았다. 그녀는 사람들의 시선이 그다지 싫지 않은 것 같았다. 오랜만에 맛보는 싱그러운 봄날의 부드러운 공기가 그녀의 마음을 밝게 해 주었던 것이다.

그러나 낡아빠진 죄수용 장화를 신은 채 자갈이 깔린 길을 걷는 일은 여간 고통스러운 것이 아니었다. 그녀는 발끝을 내려다보며, 될 수 있는 대로 발을 가볍게 옮겨 놓으려고 애썼다.

곡물가게 옆 넓은 마당에서는 길들인 비둘기들이 곡식을 쪼아 먹고 있었다. 여죄수는 하마터면 그 중 한 마리를 밟을 뻔했다. 비둘기는 퍼

드덕거리며 날개를 치더니, 그녀의 귓가를 스치고 날아갔다.

여죄수는 자기도 모르게 미소를 지었으나, 이내 자신의 처지를 생각하며 깊은 한숨을 내쉬었다.

여죄수 마슬로바의 성장 과정은 지극히 평범한 것이었다.

마슬로바의 어머니는 늙은 두 자매가 지주인 집에서 가축을 돌보는 비천한 여인이었다. 결혼을 하지 않았음에도 불구하고, 그녀의 어머니는 거의 해마다 아이를 낳았다. 당시 시골에서는 흔한 일로, 아이를 제대로 돌보지 못해 다섯 명이나 굶겨 죽였다.

그러다가 떠돌이 집시와 좋아하게 되어 여섯 번째 아이를 낳았다. 이렇게 태어난 여자 아이는 우연히 두 자매 지주 가운데 한 사람이 외양간에 들르는 바람에 굶어 죽는 운명을 피할 수 있었다. 여지주는 우유에서 냄새가 난다고 가축 돌보는 여자를 나무라기 위해 왔던 것이다. 그런데 외양간에는 귀여운 갓난아기가 산모인 하녀 옆에 누워 있었다.

여지주는 우유에 대해, 그리고 아이를 낳은 여자를 외양간에 있게 한데 대해 한바탕 잔소리를 늘어놓고 나가다가, 아기를 들여다보고는 마음이 움직여 그 아이의 대모가 되어 세례를 받게 해 주겠다고 자청했다. 여지주는 아기를 가엾게 여겨 산모에게 우유와 돈을 주었다. 그 덕분에 살아난 아기는 '스파손나야'(구원받은 아이)로 불렸다.

아이가 세 살 되던 해, 그 어머니는 그만 병들어 죽고 말았다. 그러자 두 여지주는 그 아이를 아예 맡아 기르게 되었다. 까만 눈망울을 가진 아이는 귀엽고 명랑하여, 점점 커감에 따라 두 여지주에게 큰 위안이 되었다.

두 여지주 중 그 아이에게 세례를 받게 해 준 사람은 마음씨 착하고 상냥한, 동생 소피아 이바노브나였다. 그녀는 그 아이를 잘 교육시켜 장차 양녀로 삼으려고 생각했다. 그러나 언니인 마리아 이바노브나는 동생과는 달리 다소 엄격한 성격의 소유자였다. 그녀는 그 아이를 일 잘하는 하녀로 만들고 싶어했다.

아이는 이와 같이 서로 다른 자매 밑에서 자라, 반은 하녀, 반은 양녀인 어중간한 존재가 되어 버렸다. 그래서 그녀의 이름은 천한 카치카도, 애칭인 카첸카도 아닌 카추샤로 불리었다.

카추샤는 바느질도 하고 집안 청소도 하고 커피도 끓이고 빨래도 했지만, 때로는 여지주들의 곁에서 책을 읽어 주기도 했다.

카추샤에게는 여러 곳에서 혼담이 들어왔다. 그러나 그녀는 아무에게도 시집을 가려고 하지 않았다. 지주 집에서의 편안한 생활에 젖은 그녀로서는, 혼담의 상대인 가난한 사람들과 어렵게 살고 싶지 않았던 것이다.

카추샤가 열일곱 살이 되었을 때, 여지주의 조카뻘 되는, 부유한 대학생 백작이 잠시 머무르기 위해 찾아왔다. 카추샤는 그 젊은이를 사모하게 되었다.

그로부터 2년 후, 그 대학생 백작이 싸움터로 나가는 도중 다시 그곳에 들러 나흘 동안 머무르게 되었다. 출발하기 전날 밤, 그는 카추샤를 유혹했다. 그리고 이튿날 아침 그녀의 손에 100루블짜리 지폐 한 장을 쥐어 주고는 훌쩍 떠나 버렸다. 카추샤는 그가 떠난 지 다섯 달이 지난 뒤에야 자기가 임신한 것을 알았다.

그 때부터 모든 것이 변했다. 그녀는 일이 손에 잡히지 않는 가운데, 어떻게 하면 앞으로 닥쳐올 수치스러운 상황으로부터 벗어날 수 있을까 하는 생각에만 골몰했다. 그러다 보니 차츰 여지주들의 시중에 소홀해지고, 이따금 자기도 모르게 화가 나서 짜증을 부리기도 했다.

카추샤는 더 이상 여지주 집에 머무를 수 없음을 깨닫고, 마침내 그 집에서 나왔다. 그 뒤 그녀는 지방 경찰서장의 집에 하녀로 들어갔다. 그러나 늙은 경찰서장이 추근거리며 괴롭히는 바람에 그 집에서도 석 달을 견디지 못하고 나와야 했다.

어느 새 아이를 낳을 때가 가까워졌으므로 일자리마저 구할 수가 없었다. 그녀는 마을에서 술 도매를 하는 산파 집에서 머무르다가 남자 아이를 낳았다.

비교적 쉽게 해산을 했으나, 산파가 산욕열을 옮겨 주어 그녀는 그만 자리에 누웠다. 그래서 아기는 보육원으로 보낼 수밖에 없었는데, 불쌍하게도 보육원에 가자마자 아기는 죽고 말았다.

카추샤는 산파 집에 들어갈 때 127루블을 가지고 있었다. 그 동안 벌어서 모은 27루블에 젊은 백작에게서 받은 100루블이 있었기 때문이다. 그러나 그 집에서 나올 때 그녀의 손에는 거의 한 푼도 남아 있지 않아, 당장 일자리를 구하지 않으면 안 되었다.

카추샤는 다시 삼림 감시인 집 하녀로 들어갔다. 그런데 삼림 감시인도 경찰서장과 조금도 다른 데가 없었다. 그는 첫날부터 카추샤에게 추근거렸다. 교활하기 짝이 없는 삼림 감시인에게 넘어간 카추샤는, 그 일로 그의 부인과 크게 싸우고 급료도 받지 못한 채 쫓겨나고 말았다.

오갈 데가 없어진 카추샤는 시내에 살고 있는 이모를 찾아갔다. 이모는 조그마한 세탁소에서 나오는 얼마 안 되는 수입으로 아이들을 키우고, 닥치는 대로 내다팔아 술만 마시는 남편을 섬기며 살아가고 있었다.

이모는 카추샤에게 세탁부가 될 것을 권했지만, 그녀는 고달픈 세탁부의 생활을 보고 마음이 내키지 않아 다시 하녀로 들어갈 집을 찾았다.

카추샤는 곧 아들 둘을 둔 어느 부인의 집에서 일하게 되었다. 그런데 그 집에서도 일주일을 버티지 못했다. 중학교 6학년인 큰아들이 공부할 생각은 않고 카추샤만 추근추근 따라다녔기 때문이다. 그 부인은 그것이 모두 카추샤 탓이라고 하며 그녀를 내쫓았다.

그 후 카추샤는 고통과 괴로움 속에서 하루하루를 보냈다. 일자리는 쉽게 나서지 않았고, 어쩌다가 가까스로 일자리가 생겨도 얼마 안 되어 쫓겨나곤 했다.

그러던 차에 카추샤는 우연히 만난 한 여자의 소개로 새로운 일자리를 얻었다. 그런데 그 일이란 것이 낯선 남자들의 술시중을 들거나 춤을 추며 놀아 주고 그 대가로 돈을 받는 것이었다.

카추샤는 스물여섯 살이 될 때까지 7년 동안을 그렇게 살며 갖은 고생을 하였다. 그러다가 그녀를 교도소로 가게 만든 사건이 일어났다. 그 일로 인해 살인범, 도둑들과 같은 감방에서 6개월을 지내다가 이제야 법정으로 끌려나오게 된 것이다.

네플류도프 백작

마슬로바, 즉 카추샤가 몹시 지친 몸으로 호송병들과 함께 지방 재판소 건물에 도착했을 무렵, 그녀를 길러 준 여지주의 조카이자 그녀를 유혹했던 드미트리 이바노비치 네플류도프 백작은 푹신푹신한 침대 위에서 깃털 이불에 파묻혀 누워 있었다. 그는 단정하게 다림질된 깨끗한 네덜란드제의 파자마를 걸친 채 담배를 피우고 있었다. 그는 천장을 쳐다보며 오늘 해야 할 일과 어제 있었던 일을 생각하고 있었다.

그는 돈이 많은데다 명문인 코르차킨 공작 댁에서 지낸 지난 밤의 일을 떠올리며 한숨을 내쉬었다. 사람들은 모두 그가 그 공작의 딸과 결혼할 것이라고 생각하고 있었다.

그는 은제 담배 케이스에서 새로 담배를 꺼내려다 말고, 침대에서 내려와 슬리퍼를 더듬어 신었다. 그리고 살찐 어깨에 비단 가운을 걸치고, 묵직하지만 빠른 걸음으로 화장수와 향수와 값진 머릿기름에서 풍겨 나오는 인공적인 향기로 가득 찬 침실에 붙은 화장실로 갔다.

그는 특제 칫솔로 여기저기 땜질한 이를 부드럽게 닦고 향료가 든 물로 양치질을 한 다음, 향기가 나는 비누로 샤워를 하고 커다란 수건으로 몸 구석구석의 물기를 잘 닦아 냈다. 그리고 깨끗하게 손질해 놓은 속옷을 갈아입고, 화장대 앞에 앉아 곱슬곱슬한 검은 턱수염과 머리를 빗어올렸다.

네플류도프는 수많은 고급 넥타이 가운데 아무것이나 하나를 집어 들고, 의자에 걸쳐 둔 깨끗하게 솔질한 옷을 차려 입은 뒤 반들반들하게 닦아 놓은 식당으로 들어갔다.

흰 식탁보가 덮여 있는 식탁 위에는, 향긋한 커피 냄새를 풍기는 은으로 만든 주전자와 설탕 항아리, 따끈한 우유가 담긴 컵, 금방 구워 낸 흰 빵이며 과자가 든 바구니 등이 놓여 있었다. 그리고 그 옆에는 오늘 아침에 배달된 편지와 신문, 잡지 등이 잘 정돈되어 있었다.

네플류도프가 편지를 집어 들려고 할 때 복도로 통하는 문이 열리며 상복을 입은 뚱뚱한 중년 부인이 조용히 들어왔다. 아그라페나 페트로브나였다. 그녀는 최근에 세상을 떠난 네플류도프 어머니의 하녀였는데, 지금은 가정부 역할을 하고 있었다. 그녀는 네플류도프의 어머니를 따라 10여 년 동안 외국 생활을 한 적도 있어 귀부인다운 풍채와 태도를 지니고 있었다.

그녀는 네플류도프가 어릴 때부터 이 집에서 살았으므로, 그가 미첸카라는 애칭으로 불리던 시절을 기억하고 있었다.

"안녕히 주무셨어요?"

"잘 잤소, 아그라페나 페트로브나? 밤새 별일이라도 있었소?"

네플류도프의 목소리에는 장난기가 섞여 있었다.

"코르차킨 공작 댁에서 편지가 왔어요. 부인이 보낸 건지 따님이 보낸 건지는 잘 모르겠지만, 조금 전에 그 댁 하녀가 가지고 왔어요."

아그라페나 페트로브나는 뜻있는 미소를 지으며 편지를 네플류도프에게 건네주었다.

"곧 읽어 보겠소."

네플류도프는 그 말을 하며 이맛살을 찌푸렸다. 아그라페나 페트로브나의 미소는, 분명 그 편지가 공작의 딸 코르차키나로부터 왔음을 알고 있다는 것을 뜻했다.

"하녀에게 좀더 기다리라고 해야겠네요."

아그라페나 페트로브나는 식당 문을 열고 조용히 밖으로 나갔다. 네플류도프는 향수 냄새가 나는 그 편지를 뜯어 천천히 읽기 시작했다.

　　혹시 잊지나 않으셨는지 염려가 되어 펜을 들었습니다. 오늘, 4월 28일은 당신이 배심원으로서 지방 재판소에 나가셔야 하는 날입니다. 따라서 저희들과 함께 전람회에 가시기로 한 약속은 지키지 못하실 것 같습니다.

　　정해진 시간에 재판정에 가시지 않으면, 당신이 말을 사기 위해 마련한 300루블을 벌금으로 내셔야 한다는 사실을 잊지 마세요. 저도 어젯밤 당신이 돌아가신 뒤에야 뒤늦게 생각이 났습니다. 부디 잊지 마시기 바랍니다.

　　　　　　　　　　　　　　　　　　　　코르차키나

그리고 편지 뒷면에, 아무리 늦더라도 오늘 밤의 모임에 꼭 참석해 달라는 그녀 어머니의 말을 프랑스 어로 전하고 있었다.

네플류도프는 편지를 다 읽고 나서 눈살을 찌푸렸다. 편지에도 나타나 있지만, 코르차킨 공작의 딸은 두 달 전부터 네플류도프를 눈에 보이지 않게 차츰 자기 쪽으로 끌어당기려 하고 있었다. 그러나 네플류도프는 그 여자와의 결혼을 망설였다. 그 원인이 10년 전 자신이 유혹하고 버린 카추샤에게 있는 것은 결코 아니었다. 네플류도프는 그런 일 따위는 벌써 까맣게 잊어버렸고, 또 그런 일이 그의 결혼을 방해한다고는 꿈에도 생각하지 않았다.

또 한 통의 편지는 시골에 있는 영지 관리인이 보낸 것이었다. 관리인은 영지의 상속권 확인과, 앞으로의 영지 경영에 대해 의논하기 위해 네플류도프와 만나고 싶다고 했다. 그리고 다달이 보내는 소작료 3천 루블의 송금이 조금 늦어진 것을 사과하고, 전과 달리 소작인들이 배짱을 부려 수금이 잘 안 된다고 하소연했다.

그 편지는 네플류도프를 흐뭇하게 하기도 하고 불쾌하게 하기도 했다. 영지에 대한 자신의 지배력을 느낀다는 것은 흐뭇한 일이었지만, 한때 개인이 많은 땅을 가지는 것에 대해 반대했던 자신의 신념을 생각하니 불쾌했던 것이다.

네플류도프는 대학에 다닐 때 그것에 관한 논문을 발표한 일이 있었다. 또 실제로 아버지가 물려준 땅을 소작인들에게 나누어 준 적도 있었다. 하지만 현재로서는 어떤 생활 수단도 남아 있지 않으므로 토지를 포기할 수가 없었다.

관청에 들어가 일하기는 싫었다. 더구나 사치스러운 생활이 몸에 배어 있고, 청년 시절에 품었던 신념도, 결단력도, 열의도 이젠 다 사라져 어떻게 해 볼 도리가 없었다.

커피를 다 마신 후 네플류도프는 서재로 갔다. 언제 재판소에 나가야 하는지 통지서도 보고, 공작 딸에게 회답도 쓰기 위해서였다.

서재로 가려면 아틀리에를 지나가야 했다. 아틀리에에는 그리다 만 그림이 뒤집힌 채 놓여 있고, 여기저기 습작이 걸려 있었다.

2년 동안이나 그려 온 그림이 걸려 있는 아틀리에를 들여다보고 네플류도프는 새삼스럽게 그림에 대한 자신의 무기력함을 느꼈다.

7년 전, 그는 자기에게 그림에 대한 뛰어난 재능이 있다고 단정하고는 그 밖의 다른 일들은 비웃어 왔다. 그러나 지금은 사정이 달라졌다. 그는 우울한 마음으로 사치스럽게 꾸며진 아틀리에를 바라보았다.

서재는 널찍하고 천장이 높았으며, 온갖 장식과 설비가 되어 있는 편리한 방이었다.

커다란 책상 서랍 속에서 찾아 낸 통지서에는 11시까지 재판소에 나오라고 딱딱한 내용으로 씌어 있었다. 네플류도프는 그것을 확인한 다음, 공작 딸에게 편지를 썼다. 그러나 제대로 써지지 않았다. 처음 것은 말투가 지나치게 다정한 것 같아서 찢어 버리고, 다음 것은 또 너무 쌀쌀맞고 무례한 것 같아 찢어 버렸다. 그러다가 아예 쓰는 것을 포기했다.

네플류도프는 벽에 있는 초인종을 잡아당겨 하인을 불렀다. 곧 턱수염만 남기고 깨끗하게 면도를 한 중년의 하인이 옥양목 앞치마를 두른 채 나타났다.

"마차를 준비시키게."

"알겠습니다."

"그리고 심부름 온 코르차킨 공작 댁 하녀에게 고맙다고 하고, 되도록 찾아뵙겠다고 전하게."

답장을 쓰지 않은 것은 실례였으나, 써지지 않으니 어쩔 수가 없었다.

네플류도프는 외출복으로 갈아입고 밖으로 나갔다. 현관 앞에는 벌써 마차가 와서 기다리고 있었다.

"어젯밤 코르차킨 공작 댁으로 갔었죠. 그런데 나리께서 방금 돌아가 셨다고 하더군요."

마부가 말했다.

그는 루바시카(러시아 사람들이 입는 웃옷) 차림에, 햇볕에 탄 튼튼해 보이는 목덜미를 반쯤 내놓고 있었다.

네플류도프는 불쾌했다. 마부까지도 자신과 코르차킨 일가의 관계를 알고 있다는 사실에 기분이 언짢았던 것이다.

마차를 타고 가면서 그는 공작 딸과의 결혼 문제를 다시 생각해 보았 다. 그러나 요즘 모든 일이 다 그렇듯이 어떤 결론도 내릴 수가 없었다.

'좋은 집안에서 자라서 그런지, 품위도 있고 지성적인 아가씨야. 하 지만 만약 그녀와 결혼을 한 후에 더 좋은 아가씨라도 만나게 된다 면……'

게다가 스물일곱 살이나 되었으니, 그녀에게도 분명 연애 경험이 없 지는 않을 것이라는 사실이 그를 망설이게 했다.

'이 문제는 나중에 다시 생각해 보자.'

네플류도프가 이런 생각에 빠져 있는 사이에 마차는 소리도 없이 재 판소 현관 앞에 도착했다.

그는 언제나 그렇듯이 자기의 사회적인 의무를 성실하게 수행하자고 생각하며 재판소 안으로 들어갔다.

잊혀진 여인

재판소 복도는 벌써 분주하게 움직이는 사람들로 몹시 어수선했다.

위임장이나 서류를 들고 왔다갔다하는 사람들이 보이고, 변호사, 판

사들도 눈에 띄었다. 감시인이 딸리지 않은 피고들이 어둡고 침울한 표
정으로 서성거리며 재판이 열리기를 기다리고 있는 모습도 보였다.

"지방 재판소가 어느 쪽입니까?"

네플류도프가 직원처럼 보이는 사람에게 물었다.

"민사부입니까, 형사부입니까?"

"나는 배심원인데……."

"그럼 형사부입니다. 오른쪽으로 가다가 왼쪽으로 꺾어져서 두 번째
문으로 들어가시면 됩니다."

네플류도프가 배심원 대기실에 들어가니, 벌써 10명쯤의 배심원들이
기다리고 있었다. 상인, 예비역 장교, 귀족 등으로 구성된 그들은 모두
도착한 지 얼마 안 된 듯 방 안을 왔다갔다하면서 서로 얼굴을 힐끗힐
끗 쳐다보기도 하고, 첫 인사를 나누기도 했다. 농부처럼 보이는 한 사

람을 빼고는 다 말쑥한 프록코트와 양복을 입고 있었다.

네플류도프가 들어가자, 그들은 신분 높은 사람을 알게 된 것이 영광이라는 듯 다투어 그에게 악수를 청했다. 네플류도프는 자신에 대한 그런 대접을 당연한 것으로 생각했다.

자기들의 본업을 쉬고 와서 겉으로는 별로 탐탁치 않게 여기는 말투였으나, 사회적으로 중요한 일을 수행하고 있다는 데 대한 만족감과 자만의 빛이 모두의 얼굴에 나타나 있었다.

사람들은 이런저런 이야기를 나누며 시간을 보냈다. 판사 중 한 사람이 아직 도착하지 않아 개정이 늦어지고 있었기 때문이다.

서로 대화를 나누는데도 싫증이 났을 무렵, 깡마르고 목이 긴 직원이 배심원실로 들어왔다.

"다들 모이셨습니까?"

코안경 너머로 배심원들을 둘러보며 직원이 말했다.

그리고는 배심원들의 이름을 한 명 한 명 부르기 시작했다. 배심원들이 모두 출석한 것을 확인한 다음, 그는 정중하게 문 쪽을 가리키며 안내했다.

"오래 기다리셨습니다. 자, 이제 법정으로 나가시지요."

배심원들은 직원이 가리킨 문 쪽으로 줄지어 나가 법정으로 들어갔다.

법정은 길쭉하고 널따란 방이었다. 한쪽 끝은 높은 단으로 되어 있고, 그 한가운데에 파란 천이 덮인 테이블이 있었다. 그 뒤에는 전나무로 다듬어 만든, 등받이가 높은 팔걸이 의자가 세 개 나란히 놓여 있었다. 또 그 뒷벽에는 위엄 있는 황제의 전신상이 담긴 황금색 액자가 걸려 있고, 오른쪽 구석에는 가시관을 쓴 그리스도상이 걸려 있었다.

성서대도 눈에 띄었다. 그 옆에 검사의 테이블이 있었고, 왼편 안쪽

깊숙이 서기의 책상이 있었다. 그리고 방청석 가까이에는 전나무로 된 칸막이가 있고 그 뒤에 피고인 자리가 있었다.

단상 오른쪽에는 배심원들을 위한 등받이 의자가 두 줄로 나란히 놓여 있었고, 한 단 아래에 변호인석이 있었다. 뒤쪽으로는 한 단씩 높아지면서 뒷벽에까지 이어져 있는 방청석이 마련되어 있었다.

방청석 맨 앞줄에는 직공이나 하녀인 듯한 여자 네 사람과 노동자 같아 보이는 남자 두 사람이 앉아 있었다.

배심원들이 법정에 들어서자, 아까의 그 깡마른 직원이 깜짝 놀랄 만큼 큰 소리로 외쳤다.

"개정!"

그 소리에 모두 자리에서 일어섰다.

단상에는 딱 벌어진 몸집에 그럴듯한 턱수염을 기른 재판장이 당당한 걸음으로 나타났다. 뒤이어 금테 안경을 낀 침울한 표정의 판사가 들어왔다. 세 번째로 들어온 사람은 지각 잘 하기로 유명한 텁수룩한 수염의 판사였다. 눈이 큰데다가 눈꼬리가 밑으로 처져 착해 보이는 이 판사 때문에 오늘 재판이 늦어진 것이다.

그 뒤로 서류 가방을 옆구리에 낀 검사가 들어왔다. 그는 서둘러 창가의 자기 자리로 가서 앉아, 시간이 아깝다는 듯 곧 사건에 관한 서류를 읽기 시작했다.

그는 출세를 위해서는 물불을 가리지 않는 사람이었다. 따라서 자신이 맡은 사건은 모두 유죄 판결을 내려야 한다고 생각하고 있었다.

서류를 죽 훑어보고 난 재판장은, 서기에게 몇 가지 질문을 하여 별다른 문제점이 없다는 것을 확인했다. 그런 다음, 피고인을 데려오라고 지시했다.

그러자 곧 칸막이 뒤의 문이 활짝 열리며 모자를 쓰고 칼을 찬 헌병

둘이 나타났다. 그 뒤로 붉은 머리에 주근깨투성이인 남자 피고와 함께 두 사람의 여자 피고가 들어왔다. 창백한 얼굴에 눈이 빨갛게 충혈되어 있는 중년 여자와 마슬로바였다.

몸에 맞지 않게 큰 죄수복 차림의 남자 피고는 바지가 흘러내리지 않도록 움켜쥐고 있었다. 그는 재판장이나 방청석 쪽으로는 눈길을 주지 않은 채 곧장 피고석으로 가서 앉았다. 그리고 뺨을 실룩거리며 골똘하게 무슨 생각을 하기 시작했다.

중년 여자는 태연하고 침착했다. 자기 자리로 가다가 죄수복이 의자 모서리에 걸리자, 당황하지 않고 옷자락을 뽑고는 조용히 앉았다.

창백한 하얀 얼굴에 아름다운 검은 눈, 풍만한 가슴을 가진 마슬로바가 나타난 순간, 법정 안에 있던 남자들의 시선이 온통 그녀에게 쏠렸다. 헌병들도 그 뒷모습을 넋을 잃고 바라보다가, 문득 자신들의 직무를 깨달은 듯 황급히 눈길을 돌렸다.

피고들이 다 자리에 앉기를 기다리던 재판장은 마지막으로 마슬로바가 앉는 것을 보고 서기에게 신호를 보냈다.

이윽고 재판이 시작되었다. 먼저 배심원의 출석 점검이 있었고, 이어서 참석하지 않은 사람에 대한 심의와 벌금 통고, 배심원들의 선서가 차례대로 진행되었다.

배심원들의 선서가 끝나자, 재판장은 그들의 권리와 의무와 책임에 대해 기계적으로 주의를 주었다.

그들의 의무란 올바르고 공정하게 재판을 하는 일이며, 책임이란 심리하고 있는 사건의 내용이나 결정한 비밀을 절대로 남에게 이야기하지 않고, 만일 그 의무와 책임을 다하지 않았을 경우에는 처벌을 받는다는 것이었다.

배심원들에 대한 주의를 마친 재판장은 피고석으로 시선을 돌렸다.

"시몬 카르친킨, 일어나!"

이름을 불린 남자는 당황한 듯 벌떡 일어섰다 그 바람에 뺨이 더욱 심하게 실룩거렸다.

"이름은?"

"시몬 페트로브 카르친킨입니다."

혼자 수없이 연습을 한 듯 카랑카랑한 목소리로 막힘 없이 대답했다.

"신분은?"

"농부입니다."

"출생지는?"

"툴라 현 크라피벤스키 군 쿠판스카야 면 보르키 마을입니다."

"나이는?"

"서른넷, 생년 월일은 서기 천 팔백……."

"종교는?"

"러시아 정교입니다."

"결혼은?"

"아직 안 했습니다."

"직업은?"

"마브리타니아 호텔의 청소부입니다."

"전에도 재판을 받은 일이 있나?"

"아닙니다. 그런 일은 전혀 없었습니다. 우리 생활이란 게……."

"없다는 게 사실인가?"

"네, 한 번도……."

"공소장 사본은 받았겠지?"

"네, 받았습니다."

"앉아도 좋아. 다음은 예브피미아 이바노브나 보치코바!"

재판장은 여자 피고 쪽을 내려다보았다.

그러나 카르친킨은 보치코바의 앞을 가로막은 채 멍하니 서 있었다.

"카르친킨, 앉아!"

그래도 아무것도 못 들은 듯 서 있던 카르친킨은 직원이 다가가 귀띔을 한 후에야 비로소 자리에 앉았다. 뺨은 여전히 실룩거리고 있었다.

"이름은?"

재판장은 지겹다는 듯 한숨을 쉬고 서류를 뒤적이면서 물었다. 그는 그런 의례적인 절차를 빨리 끝내 버리고 싶은 모양이었다.

마흔세 살의 보치코바 역시 마브리타니아 호텔의 하녀로, 전에 재판받은 일은 없으며, 공소장의 사본을 가지고 있었다.

그녀는 재판장의 질문에 또렷한 말투로 또박또박 대답을 하고는, 앉으라는 말도 떨어지기 전에 제자리에 털썩 주저앉았다.

"이름은?"

재판장은 세 번째 여자 피고에게는 지금까지와는 달리 부드러운 목소리로 물었다.

"일어나서 대답해야지."

그는 아직도 앉아 있는 마슬로바에게 상냥하고 온화하게 말했다.

마슬로바는 재빨리 일어섰다. 그리고 가슴을 앞으로 내밀며 어떤 물음이든 대답할 각오가 되어 있다는 듯 재판장을 쳐다보았다. 그녀는 약간 사시인 검은 눈에 야릇한 미소를 띠고 태연하게 서 있었다.

"이름이 뭐지?"

재판장이 다시 물었다.

"류보비입니다."

그녀가 대답했다.

심문받고 있는 피고들을 한 사람 한 사람 바라보고 있던 네플류도프

는 세 번째 여자 피고가 일어서는 순간 깜짝 놀랐다.

'설마, 그럴 리가 있나? 그런데 류보비라니……'

네플류도프는 피고의 얼굴에서 눈을 떼지 않은 채 생각했다.

재판장이 심문을 계속하려고 했을 때, 금테 안경의 판사가 그의 귀에 대고 무슨 말인가 소곤거렸다.

재판장은 고개를 끄덕이며, 다시 피고를 보았다.

"류보비라고? 여기에 적힌 이름과 틀린데?"

재판장의 말에 피고는 잠자코 있었다.

"피고의 본명을 묻는 거야. 세례명이 뭐야?"

답답하다는 듯 금테 안경의 판사가 끼어들었다.

"전에는 예카테리나라고 불렀어요."

네플류도프는 그럴 리가 없다고 생각했다. 그러나 그 여자 피고는 그

가 한때 사랑했던 여자, 아무 생각 없이 유혹했다가 버린 고모 집에서 양녀 대접을 받으며 일하던 하녀 마슬로바가 틀림없었다. 그는 그 후 그녀에 대해 한번도 생각해 본 일이 없었다. 스스로 점잖고 교양 있는 사람이라고 생각하는 자신이 얼마나 비열한 짓을 했는지 깨달았기 때문 이었다.

　네플류도프의 눈앞에 있는 여자는 분명히 그녀였다. 희다 못해 창백한 얼굴, 약간 사시인 듯한 눈과 귀여운 입술에 감도는 어린아이 같은 미소, 그리고 좀 살이 찌긴 했지만 몸 전체에서 풍기는 자연스러운 분위기……. 그는 비로소 그녀 특유의 신비스러운 느낌이 드는 모습을 분명하게 알아보았다.

　"진작 그렇게 말했어야지. 아버지는?"

　재판장은 더욱 상냥하고 부드럽게 말했다.

"전…… 사생아예요."

마슬로바는 들릴 듯 말 듯한 목소리로 대답했다.

"양아버지는 있겠지?"

"미하일로바입니다."

네플류도프는 도대체 무슨 죄를 지었을까 하고 숨이 막힐 듯한 심정으로 그녀를 지켜보았다.

"성은?"

심문은 계속되었다.

"어머니 성을 따서 마슬로바라고 합니다."

"신분은?"

"평민입니다."

"종교는?"

"러시아 정교입니다."

"직업은? 무슨 일을 하고 있었지?"

마슬로바는 잠자코 있었다.

"무슨 일을 했었지?"

재판장이 재촉하듯 다시 물었다.

"영업집에 있었어요."

마슬로바는 머뭇거리며 대답했다.

"뭘 하는 영업집이지?"

금테 안경의 판사가 엄한 표정으로 물었다.

"술을 파는 집이에요."

마슬로바는 부끄러운 듯 어색한 미소를 지으며 말하고 곧 아무렇지도 않다는 듯 재판장을 똑바로 쳐다보았다. 그 얼굴은 어딘가 가련함을 느끼게 했으므로, 재판장은 자기도 모르게 눈을 내리깔았다. 순간적으로 법정 안은 아주 고요해졌다. 그러나 그 고요함은 방청석에서 들려오는 키득거리는 웃음소리로 깨졌다.

"쉿!"

누군가 웃음소리를 나무랐다.

"전에 재판 받은 일이 있나?"

재판장이 다시 물었다.

"없어요."

"공소장 사본은?"

"받았습니다."

"앉아도 좋아."

재판장의 심문이 끝나자, 마슬로바는 화려하게 잘 차려 입은 귀부인이 옷자락을 매만지듯이 치마 뒷자락을 우아하게 치켜들고 자리에 앉았다. 그리고 겉옷 속에 작고 하얀 손을 찌른 채 재판장을 바라보았다.

이어서 증인들의 호출과 퇴장, 그리고 감정 의사를 결정하는 일과 그에 대한 소환 문제 등이 매듭지어지자, 서기가 일어나서 큰 소리로 재빠르게 공소장을 읽어 내려가기 시작했다.

그 동안 재판관들은 의자 위에서 몸을 움직이기도 하고, 서로 소곤소곤 이야기를 주고받기도 했다. 한 헌병은 아까부터 터져 나오려는 하품을 참느라고 무던히도 애를 썼다.

피고석에 앉아 있는 카르친킨은 여전히 뺨을 실룩거리고 있었으나, 공소장의 내용 따위엔 전혀 흥미조차 없다는 듯 머리를 긁적거렸다.

마슬로바는 정신을 집중시켜 서기가 낭독하는 것을 듣고 있었는데, 이따금 사실과 틀리다고 항의라도 할 것처럼 몸을 부르르 떨었다. 그러나 곧 아무 말도 할 수 없다는 것을 깨달았는지, 땅이 꺼질 듯 한숨을 내쉬며 다시 서기의 얼굴을 바라보았다.

네플류도프는 앞줄 끝에서 두 번째 자리에 앉아 마슬로바를 뚫어지게 바라보고 있었다. 그의 마음속에서는 고통스럽고 복잡한 싸움이 벌어지고 있었다.

독살 사건

공소장의 내용은 대략 다음과 같았다.

188×년 1월 17일, 마브리타니아 호텔에서, 시베리아에서 온 상인 스멜리코프가 갑자기 죽었다. 경찰은 스멜리코프가 죽은 원인을 지나치게 술을 많이 마신 데서 온 심장 파열이라고 밝혔다. 스멜리코프의 시체는 죽은 지 3일 만에 매장되었다.

그런데 스멜리코프가 죽은 지 나흘째 되는 날, 그와 같은 고향 사람이며 동업자인 치모힌이라는 사람이 상트페테르부르크에서 돌아왔다. 그는 스멜리코프가 가지고 있던 돈과 다이아몬드가 없어진 것으로 보아 그의 죽음이 금품을 노린 독살일 가능성이 크다고 경찰에 신고했다.

철저한 조사 결과, 그 혐의를 뒷받침할 만한 다음과 같은 다섯 가지 사실이 밝혀졌다.

첫째, 스멜리코프는 죽기 얼마 전 은행에서 3천8백 루블이라는 돈을 찾아갔다. 그런데 그가 죽은 후에 보니, 불과 322루블 16코페이카밖에 남아 있지 않았다.

둘째, 스멜리코프는 죽기 전날 하루 종일, 그리고 죽던 날 밤 마슬로바와 함께 지냈는데, 그 동안 마슬로바는 스멜리코프의 부탁으로 숙소인 마브리타니아 호텔에 돈을 가지러 두 번 갔다.

마슬로바는 호텔 객실 담당 에브피미아 보치코바와 시몬 카르친킨이 보는 앞에서 스멜리코프가 준 열쇠로 그의 가방을 열고 돈을 꺼냈다. 마슬로바가 가방을 열었을 때, 보치코바와 카르친킨은 가방 속에서 지폐 뭉치를 보았다.

셋째, 마슬로바는 스멜리코프와 호텔에 갔는데, 카르친킨이 흰 가루약을 술에 타서 스멜리코프에게 먹이라고 꾀자 그의 말대로 했다.

넷째, 다음 날, 마슬로바는 스멜리코프가 주었다면서 다이아몬드 반지를 자기가 일하고 있는 술집 여주인에게 팔았다.

다섯째, 스멜리코프가 죽은 다음 날, 보치코바는 은행에 1천8백 루블을 예금했다.

상인 스멜리코프의 시체를 부검한 결과, 내장에서 독약이 검출되었다. 그리하여 마슬로바, 보치코바, 카르친킨 세 사람은 살인 용의자로 기소되었다. 그러나 세 사람은 모두 혐의 사실을 부인했다.

다음은 마슬로바의 주장이다.

"나는 술집에서 스멜리코프의 부탁을 받고 호텔에 돈을 가지러 갔다. 그러나 가지고 간 열쇠로 돈가방을 열고 그가 말한 대로 40루블을 꺼내 왔을 뿐이다. 그 외에는 한 푼도 꺼낸 사실이 없다. 그런 사실은 함께 있던 보치코바와 카르친킨이 증명해 줄 것이다. 나는 돈을 가지고 술집으로 갔다가 스멜리코프와 함께 두 번째로 호텔로 갔다. 그 때 카르친킨이 손님을 빨리 재우라면서 흰 가루약을 주었다. 나는 그것을 단순히 수면제라고만 생각하고 술에 타서 마시게 했다. 그것을 먹이면 귀찮은 상대에게 시달리지 않고 집에 돌아가 쉴 수 있다고 생각했기 때문이다. 또 반지는 스멜리코프가 나를 때려서 내가 울면서 돌아가려고 하자, 나를 달래기 위해 준 것이다."

다음은 보치코바가 진술한 내용이다.

"나는 없어진 돈에 대해서는 아무것도 모르며, 스멜리코프의 방에는 들어간 일조차 없다. 방 안에서 무엇인가를 한 사람은 마슬로바뿐이다. 따라서 만일 상인의 물건이 없어졌다면, 그건 틀림없이 열쇠를 가지고 돈을 가지러 왔던 마슬로바의 짓이다."

이 대목이 낭독되었을 때, 마슬로바는 몸을 부르르 떨며 어이없다는 표정으로 보치코바를 쳐다보았다.

서기의 낭독은 계속되었다.

보치코바에게 1천8백 루블이 들어 있는 예금 통장을 보이며 이렇게 큰 돈이 어디서 생겼느냐고 묻자, 그녀는 장래 결혼하기로 한 카르친킨과 함께 12년 동안 모은 것이라고 대답했다.

그러나 카르친킨은 처음 심문 때, 다음과 같이 그녀의 말과 엇갈리는 진술을 했다.

"마슬로바의 꾐에 빠져 보치코바와 함께 상인의 돈을 훔쳤다. 하지만 돈은 세 사람이 똑같이 나누었다. 그리고 상인을 재우기 위해 내가 마슬로바에게 흰 가루약을 주었다."

마슬로바는 이 때도 얼굴이 상기된 채 뭐라고 말하려 했으나, 직원이 말리는 바람에 입을 다물었다. 서기는 낭독을 계속했다.

그런데 카르친킨은 그 뒤에 처음 진술을 완전히 뒤집었다. 그는 도둑질을 공모한 사실도 없고, 마슬로바에게 가루약을 준 사실도 없다고 하면서, 모든 일은 마슬로바가 혼자 한 짓이라고 덮어씌웠다. 보치코바가 은행에 예금한 돈에 대해서는, 보치코바가 말한 것처럼 12년 동안 호텔에서 일하며 손님들로부터 받은 팁 등을 모아 두었던 것이라고 대답했다.

위와 같은 사실로 미루어 볼 때, 시몬 페트로브 카르친킨, 예브피미아 이바노브나 보치코바, 예카테리나 미하일로브나 마슬로바는 188×년 1월 17일, 공모해서 상인 스멜리코프의 돈 2천5백 루블과 반지를 도둑질하고, 그를 죽일 생각으로 독약을 먹인 것으로 추측된다. 따라서 위의 세 사람을 배심원이 참가하는 지방 재판소의 공판에 부치는 바이다.

길고 지루한 공소장 낭독이 끝났다. 서기는 두 손으로 머리카락을 쓸어넘기며 자리에 앉았다.

모든 사람들은 이제부터 재판관의 질문이 시작되면 모든 사실이 밝혀져 반드시 정의가 이기리라는 믿음으로 안도의 숨을 내쉬었다.

그러나 배심원석의 네플류도프만은 그렇지 않았다. 10년 전 그토록 귀엽고 천진난만했던 소녀 카추샤가 어떻게 그토록 끔찍한 죄를 저질렀을까 하고 생각하니, 몹시 마음이 아팠다.

재판장은 판사들과 무엇인가 의논한 다음, 피고들에게 사건이 일어났던 날의 상황을 상세하게 질문하기 시작했다.

"시몬 카르친킨! 피고는 보치코바, 마슬로바와 공모해서 상인 스멜리코프의 가방에 있던 돈을 훔치고, 또 마슬로바를 꾀어 독약을 술에 타서 스멜리코프에게 먹여 죽게 한 혐의로 기소되어 있다. 그 모든 혐의 사실을 시인하고 유죄를 인정하는가?"

"아닙니다! 저는 다만 손님들에게 봉사하고, 그리고……."

"그런 말은 나중에 해. 피고는 자신의 죄를 인정하는가?"

재판장은 부드러우면서도 단호한 어조로 물었다.

"천만의 말씀입니다. 전 그저……."

그 때 직원이 카르친킨에게 다가가서 제지했다.

재판장은 더 물을 필요가 없다는 표정을 지으며 보치코바 쪽으로 시선을 돌렸다.

"예브피미아 보치코바, 피고는 카르친킨, 마슬로바와 함께 상인 스멜리코프의 돈과 반지를 훔친 다음, 그것을 셋이 나누고, 그 사실을 감추기 위해 스멜리코프에게 독약을 탄 술을 먹여 죽였다는 혐의로 기소되어 있는데, 유죄를 인정하는가?"

"저는 아무 죄가 없습니다! 저는 방에 들어가지도 않았습니다. 방에 들어간 것은 마슬로바였으니, 모든 일은 저 여자가 한 게 틀림없습니다."

보치코바는 단호하게 부인했다.

"그런 말은 나중에 하라. 피고는 유죄를 인정하는가?"

재판장은 부드럽지만 엄격한 말투로 물었다.

"저는 돈을 훔치지 않았습니다. 물론 독약을 먹여 상인을 죽이지도 않았습니다."

"그럼 피고는 죄를 인정할 수 없다는 건가?"

"물론입니다."

"좋아."

재판장은 고개를 끄덕이며 세 번째 피고인 마슬로바 쪽을 바라보았다.

"예카테리나 마슬로바, 피고는 마브리타니아 호텔로 가서 상인 스멜리코프의 가방에서 돈과 반지를 훔치고, 그것을 카르친킨, 보치코바와 나누어 가졌으며, 나중에 스멜리코프와 함께 다시 호텔로 가서 그에게 독약을 탄 술을 마시게 하여 죽인 혐의로 기소되어 있다. 혐의 사실을 시인하고 유죄를 인정하는가?"

"저는 아무 죄도 없어요! 아까도 말씀드렸지만, 전 절대로 돈을 훔치지 않았어요. 반지는 그 사람이 제게 직접 준 거예요."

마슬로바는 빠른 말투로 대답했다.

"피고는 2천5백 루블의 돈을 훔친 데 대해서는 유죄라고 인정치 않는단 말인가?"

"몇 번이나 말씀드린 것처럼, 저는 40루블말고는 한 푼도 손대지 않았어요."

"그럼 상인 스멜리코프에게 가루약을 탄 술을 마시게 한 사실은?"

"네, 그것은 인정합니다. 하지만 저는 그것을 독약이 아닌 수면제로 알았어요. 카르친킨이 분명히 수면제라고 말했으니까요. 저는 사람이 죽을 줄은 꿈에도 생각하지 않았고, 또 원치도 않았어요. 그건 하느님께 맹세할 수 있어요."

마슬로바의 얼굴은 빨갛게 달아올랐다.

"그럼 돈과 반지를 훔친 것은 인정하지 않지만, 가루약을 술에 타서 먹인 것만은 인정한단 말인가?"

"네, 그것은 인정하지만, 저는 정말 수면제로 알았습니다. 그리고 그냥 그 사람을 잠들게 하려고 먹인 것뿐이에요."

"좋아. 그럼 그 때의 일을 정확하게 이야기해 보라. 모든 것을 사실대로 말하면 죄가 가벼워질 수도 있으니까."

재판장은 자기의 심문 결과에 자못 만족한 듯 여유 있는 표정으로 말했다.

그러나 마슬로바는 얼른 말을 시작하지 못했다.

"어서 사실대로 정확하게 말해 봐."

"사실대로라고요?"

마슬로바는 갑자기 빠른 말투로 되묻더니, 곧 말하기 시작했다.

"제가 호텔 방에 갔을 때, 그 사람은 이미 몸을 가누지 못할 정도로 취해 있었어요. 저는 그냥 돌아오려고 했지요. 그런데 그는 저를 잡고 놓아 주지 않았어요."

뒷말을 잊었는지, 아니면 다른 일이 생각났는지 갑자기 입을 다물고 주위를 둘러보던 마슬로바의 시선이 한순간 배심원석에 있는 네플류도프의 얼굴에서 멈추었다.

혹시 자신을 알아본 것이 아닌가 해서, 네플류도프는 온몸의 피가 얼굴로 모여드는 것 같았다. 그러나 마슬로바는 곧 그에게서 시선을 거두어 재판장을 바라보았다.

"그래서?"

재판장은 다음 이야기를 재촉했다.

"잠시 동안 그와 함께 있다가 돌아가서 주인에게 돈을 주고 잠자리에 들었습니다. 잠이 들락말락할 때, 한집에 있는 베르타라는 여자가 방문을 두드렸어요. 그 상인이 다시 왔으니 빨리 일어나라는 거예요. 마음이 안 내켰지만, 주인의 명령이라 어쩔 수 없이 나가 보니 그 사람이 와서 홀 안에 있는 여자들에게 술잔을 돌리고 있었습니다. 그 때 이미 가지고 있던 돈을 다 쓴 그는, 제게 호텔에 가서 돈을 좀 갖다 달라고 했어요. 그래서 저는 밖으로 나갔습니다."

판사들과 무슨 말인가 주고받느라 마슬로바의 이야기를 듣고 있지 않았던 재판장은, 그런 사실을 감추기 위해 마지막 말을 되풀이했다.

"밖으로 나갔다. 그래서 그 다음은 어떻게 했지?"

"호텔에 가서 그 사람이 시킨 대로 했어요. 하지만 혼자 방에 들어가기가 싫어서 카르친킨과 저 여자를 불렀어요."

그러면서 마슬로바는 보치코바를 가리켰다.

"내가 방에 함께 들어갔다고? 거짓말이에요! 저는……."

보치코바는 말을 계속하려고 했으나, 곧 직원에게 제지당했다.

"그리고 이 두 사람이 보고 있는 데서 10루블짜리 지폐를 넉 장 꺼냈어요."

마슬로바가 얼굴을 찌푸리고 말했다.

"그 40루블을 꺼낼 때, 피고는 가방 안에 돈이 얼마나 있는지 보았나?"

검사가 갑자기 마슬로바를 보지도 않고 물었다.

그 목소리를 듣는 순간, 마슬로바는 그 검사가 왠지 자기를 불리한 쪽으로 몰고 가는 것 같아 몸을 떨었다.

"100루블짜리 지폐가 꽤 많이 있었어요. 세어 보거나 하진 않았지만……."

"피고는 100루블짜리 지폐를 보았단 말이지? 그렇다면 나는 더 물을 것이 없습니다."

검사가 만족스러운 표정으로 입을 다물자, 재판장이 다시 질문을 계속했다.

"그래서? 돈은 가져왔나?"

"네, 가져왔습니다."

"그 다음에는?"

"그 다음에 그 사람은 다시 저를 데리고 호텔로 갔어요."

"그런데 어떻게 가루약을 탄 술을 마시게 했지?"

"어떻게라뇨? 술에 타서 먹였지요."

"무엇 때문에 그런 짓을 했지?"

그 물음에 마슬로바는 길게 한숨을 내쉰 다음 대답했다.

"그 사람은 저를 몹시 귀찮게 했어요. 그래서 복도로 나가 카르친킨에게, 완전히 지쳤다면서 빨리 갔으면 좋겠다고 말했습니다. 그 말을 들은 카르친킨은 수면제를 먹이면 어떻겠느냐고 하더군요. 저는 그것이 몸에 해롭지 않고 단지 잠들게 하는 약이라고 생각했기 때문에 그가 시키는 대로 술에 타서 먹였어요. 만일 그것이 독약이란 걸 알았다면, 절대로 그런 짓을 하지 않았을 거예요."

"그럼 반지는 어떻게 해서 피고가 가지고 있지?"

재판장이 날카롭게 물었다.

"그건 그 사람이 직접 제게 준 거예요."

"언제, 왜 주었지?"

"그 사람과 함께 호텔에 갔다가 곧 돌아가고 싶다고 했어요. 그러자 그 사람이 제 머리를 때렸어요. 그 바람에 머리에 꽂은 빗이 부러졌어요. 제가 화를 내며 돌아가겠다고 하니까, 그 사람은 끼고 있던 반지를 빼 주며 가지 말라고 했어요."

검사가 다시 일어나서 재판장에게 허락을 받고 마슬로바에게 질문했다.

"피고는 상인 스멜리코프의 방에 얼마 동안이나 있었나?"

"얼마 동안인지…… 잘 기억이 나지 않습니다."

"그럼 스멜리코프의 방에서 나와 그 호텔의 다른 방에 들른 적이 있나?"

마슬로바는 잠깐 생각해 보고 대답했다.

"옆방이 비어 있어서 들어갔습니다."

"어째서 들어갔나?"

"옷매무새를 바로 하기 위해 들어갔다가, 마차가 올 때까지 기다렸어요. 카르친킨도 함께요……."

"카르친킨은 왜 그 방에 있었나?"

"스멜리코프가 남긴 술이 있어서 둘이 나누어 마셨어요."

"그 때 두 사람은 무슨 이야기를 했지?"

그 물음에 마슬로바는 갑자기 인상을 찌푸리며 신경질적으로 빠르게 말했다.

"무슨 이야기를 했느냐고요? 아무 말도 안 했어요."

"다른 질문은 더 없습니다."

검사는 어깨를 으쓱 치켜올리고 자기의 논고서에 마슬로바가 카르친킨과 함께 빈 방에 들어갔었다는 말을 적어 넣었다.

"피고는 더 할 말이 없는가?"

재판장의 물음에 마슬로바는 땅이 꺼질 듯이 한숨을 쉬며 대답했다.

"저는 제가 알고 있는 일은 모두 말씀드렸어요. 이 이상 저는 아무것도 모릅니다. 저는 조금도 나쁜 짓을 하지 않았어요. 그것뿐이에요."

서류에 무엇인가 적고 있던 재판장은 금테 안경의 판사가 귀엣말로 뭐라고 소곤거리자, 10분간 휴정을 선언하고 급히 법정을 나갔다.

판사들에 이어 검사, 변호사, 배심원, 증인들도 모두 일어섰다. 그리고 중대한 사건이 몇 분의 일이라도 끝난 것이 만족스럽다는 듯한 표정으로 각각 다른 곳으로 몰려나갔다. 네플류도프는 배심원 대기실로 들어가 창가의 의자에 걸터앉았다.

처음 만남

그 여자는 틀림없는 카추샤였다. 네플류도프가 처음 카추샤를 만난 것은 대학 3학년 여름 방학 때였다. 그 당시 네플류도프는 토지 소유권에 관한 논문을 쓰기 위해 고모 집으로 갔다. 여느 때는 어머니, 누이와 함께 모스크바 근교에 있는 어머니 영지의 별장에서 여름을 보내곤 했으나, 누이는 결혼하고 어머니는 외국 여행 중이었으므로 네플류도프는 조용한 시골인 고모 집을 택했던 것이다.

네플류도프는 고모들의 상속자이기도 했는데, 그녀들은 그를 무척이나 아껴 주었고, 그 역시 소박한 시골 생활이 마음에 들었다.

그 해 여름, 네플류도프는 대학에서 스펜서의 〈사회 평형론〉을 연구했다. 〈사회 평형론〉은 당시의 지주 제도, 즉 토지 사유 제도를 비판한 학설로, 넓은 땅을 지주 혼자 가지고 있는 것은 죄악이라고 주장했다.

그 당시 지주들은 농부들에게 땅을 빌려 주어 농사를 짓게 한 후, 소작료를 혹독하게 거두어들였다. 따라서 지주는 편안하고 사치스러운 생활을 할 수 있었으나, 매일 피땀을 흘리며 일하는 농부들은 아무리 열심히 일해도 가난에서 벗어날 수가 없었다.

대지주의 아들로 상속자였던 만큼, 네플류도프는 이 학설에 깊은 감명을 받았다. 그는 이 때 토지 사유 제도의 잔인함과 부당함을 깨닫고, 아버지에게서 유산으로 상속받은 토지를 농부들에게 고루 나누어 주었다. 그리고 자신은 절대로 토지를 소유하지 않겠다고 결심하며 그와 관련된 논문을 쓰려고 했던 것이다.

네플류도프는 아침 일찍, 때로는 새벽 3시경에 일어나 아직 아침 안개가 걷히지 않은 산 밑의 개울에서 목욕을 하고, 꽃과 풀에 맺힌 이슬이 채 마르기도 전에 집으로 돌아왔다.

아침에는 커피를 마시며 논문을 쓰는 데 필요한 참고 자료를 읽을 때도 있지만, 대부분의 시간은 들판이나 숲 속을 산책하는 것으로 보냈다.

점심 때까지 뜰 한구석에서 낮잠을 즐기다가, 식사 시간이 되면 밝고 명랑한 이야기로 고모들을 즐겁게 해 주었다. 식사가 끝나면, 말을 타기도 하고 뱃놀이를 즐기기도 했다. 그리고 해가 지고 고요한 어둠이 찾아오면, 고모들과 카드놀이를 하거나 독서를 했다.

밤이 되면 네플류도프는 거의 잠을 이루지 못했다. 특히 달이 밝은 밤에는 더욱 그랬다. 삶에 대한 기쁨에 가슴이 설레었기 때문이다. 그럴 때면 이런저런 공상에 잠겨 새벽 닭이 울 때까지 뜰 안을 한없이 거닐곤 했다.

고모 집에서의 처음 한 달 동안은 그렇게 행복하고 평온한 가운데 지나갔다. 따라서 네플류도프는 하녀인지 양녀인지 애매한 카추샤에 대해서는 전혀 관심이 없었다. 그는 열아홉 살이 되었지만 아직 순진한 청년이었다. 물론 여자에 대한 공상도 할 나이였으나, 그것은 아내로서의 여자에 대한 것으로 한정되어 있었다. 그에게는 아내가 될 수 없는 여성은 여자가 아니고 그저 인간일 따름이었다.

그런데 그 해 여름, 예수 승천 축제일에 이웃 마을에 사는 부인이 아이들과 자기 집에 손님으로 와 있는 젊은 화가와 함께 고모 집으로 놀러 왔다.

차를 마시고 나서 모두 집 앞의 널따란 뜰에서 술래잡기를 하게 되었다. 카추샤도 함께 어울렸다.

몇 번이나 짝이 바뀐 후 네플류도프는 카추샤와 한 짝이 되어 달아나게 되었다.

"야아, 이번만은 좀처럼 잡기가 어려운데! 혹시 넘어지기라도 하면 모르지만……."

술래가 된 화가가 네플류도프와 카추샤를 끈질기게 쫓아오면서 소리쳤다.

"자, 한번 잡아 보세요!"

카추샤는 나오는 웃음을 참으며 사슴처럼 달아났다.

네플류도프도 화가에게 잡히지 않으려고 온 힘을 다해 달렸다. 그러다가 뒤를 돌아다보니, 화가는 카추샤를 쫓아가고 있었다. 카추샤는 다리를 재빠르게 움직이며 왼쪽으로 쏜살같이 달아났다. 그 앞쪽은 라일락 숲으로 사람들이 잘 가지 않는 곳이었다.

라일락 숲으로 들어간 카추샤는 네플류도프에게 빨리 그쪽으로 오라고 머리로 신호를 보냈다. 네플류도프는 곧 그 신호를 알아보고 카추샤가 있는 쪽으로 달려갔다.

그런데 라일락이 무성한 그 숲 뒤에는 쐐기풀로 덮여 보이지 않는 작은 도랑이 있었다. 네플류도프는 그 사실을 모른 채 뛰다가 그만 쐐기풀 줄기에 걸려 넘어지면서 손을 쐐기풀에 긁히고 도랑에 빠져 옷을 적셨다. 그러나 그는 웃으면서 얼른 일어났다.

그것을 본 카추샤가 가만 눈을 반짝이며 달려왔다. 두 사람은 서로 손을 마주 잡았다.

"아, 쐐기풀에 긁히셨군요!"

카추샤는 한 손으로 뛰어오느라고 흐트러진 머리카락을 쓸어올리며 가쁜 숨을 몰아쉬더니, 웃는 얼굴로 네플류도프를 쳐다보았다.

"이런 데 도랑이 있을 줄은 몰랐는데."

네플류도프는 싱긋 웃으며 카추샤의 손을 잡았다. 카추샤도 네플류도프의 손을 마주 잡았다. 그러면서 그녀는 네플류도프 쪽으로 몸을 기울였다. 네플류도프 역시 자기도 모르는 사이에 그녀 쪽으로 얼굴을 가까이 대고 그 입술에 키스를 했다.

"어머!"

카추샤는 얼굴을 붉히며 재빨리 손을 뿌리치고 달아났다. 라일락이 무성한 곳으로 뛰어간 그녀는 이미 꽃이 다 져 버린 라일락 가지를 꺾어, 그것으로 달아오른 자기 뺨을 가볍게 두드리다가 네플류도프 쪽을 바라보고는 다른 사람들이 있는 곳을 향해 달려갔다.

그런 일이 있은 다음부터 네플류도프와 카추샤는 순진한 젊은 남녀 사이에 흔히 있을 수 있는, 서로 이끌리는 사이가 되었다.

네플류도프는 카추샤가 잠깐 자기 방에 들어오거나, 혹은 멀리 그녀의 흰 앞치마가 눈에 띄기만 해도 벌써 가슴이 두근거렸다. 모든 일이 즐겁고 의미가 있는 것처럼 느껴졌고, 삶에 대한 기쁨이 솟구치는 것 같았다. 그런 마음은 카추샤도 마찬가지였다.

네플류도프는 카추샤를 눈앞에 볼 때뿐만 아니라, 단지 그녀가 이 세상에 있다는 생각만 해도 그런 기분에 사로잡혔다. 어머니에게서 언짢은 편지가 와도, 또 논문이 뜻대로 써지지 않는다거나, 젊은이 특유의 까닭 모를 우울증에 사로잡힐 때에도 네플류도프는 풀이 죽지 않았다. 카추샤를 생각하고, 그녀의 얼굴을 언제나 볼 수 있다는 것만으로도 기분이 좋아지곤 했다.

카추샤는 할 일이 많았지만, 시원스럽게 해치우고는 틈나는 대로 책을 읽었다. 네플류도프가 읽고 난 책을 빌려 주었던 것이다.

복도나 발코니나 뜰 같은 데서 우연히 마주치면, 두 사람은 남의 눈에 띄지 않게 잠깐 동안 이야기를 나누었다. 네플류도프는 이따금 늙은 하녀의 방으로 차를 마시러 갔는데, 그런 때 카추샤도 자리를 함께하여 이야기를 나누었다.

그런데 늙은 하녀와 함께 있을 때는 재미있었으나, 어쩌다 둘만 방 안에 남게 되면 입술이 굳어지고 어쩐지 분위기가 어색해지곤 했다. 두 사람의 눈이 입으로 말하는 것보다 훨씬 뜻깊은 그 무엇을 이야기하고 있었기 때문이다. 그런 때 그들은 그대로 허둥지둥 헤어졌다.

네플류도프와 카추샤 사이의 이런 관계는 그가 고모 집에 있는 동안 줄곧 계속되었다. 그러자 그들의 관계를 눈치채고 당황한 고모들이, 외국에 가 있는 네플류도프의 어머니에게 알려 주었다. 고모들은 혹시 네플류도프가 카추샤와 결혼하겠다고 나서지나 않을까 몹시 애를 태웠다. 그러나 네플류도프 본인에게는 전혀 그런 내색을 하지 않았다. 그래서 네플류도프는 카추샤에 대한 사랑을 깨닫지 못한 채 집으로 돌아가게 되었다.

이윽고 고모 집을 떠나려 할 때 현관 앞 층계에 서서 그 까만 눈에 눈물을 글썽이는 카추샤를 보자, 네플류도프는 이제 두 번 다시 가질 수 없는 아름답고 소중한 것을 남겨 두고 가는 것만 같아 참을 수 없는 슬픔이 복받쳐 올랐다.

"안녕, 카추샤. 여러 가지로 고마웠어."

네플류도프는 마차에 오르면서 고모의 모자 너머로 이렇게 말했다.

"안녕히 가세요, 드미트리 이바노비치……."

아름답고 다정한 목소리로 인사를 한 카추샤는 흘러내리는 눈물을 꾹 참고 마음껏 울 수 있는 문간 마루로 뛰어들었다.

네플류도프가 카추샤를 다시 만난 것은, 3년 후 신임 장교가 되어 자기 부대로 가다가 고모 집에 들렀을 때였다. 그러나 그는 이미 3년 전의 성실하고, 순수하고, 옳은 일을 위해서는 자기 몸까지도 아끼지 않는 청년이 아니었다. 타락하여 오직 자신의 쾌락만을 좇는 철저한 이기주의자로 변해 있었던 것이다. 그는 무슨 일이든 마음 내키는 대로 해야 직성이 풀리며, 인생을 보다 즐겁고 재미있게 보내는 것을 가장 중요하게 생각하고 있었다.

네플류도프에게 이렇게 놀라운 변화가 생긴 데는 그만한 이유가 있었다. 네플류도프가 진지하게 신이라든지 사회의 불평등에 대해서 이야기하면, 어머니나 고모들은 '우리 철학자 선생'이라고 그를 놀리곤 했다. 그러나 반대로 그가 시시한 소설을 읽거나 여자들에 대한 이야기를 하면, 모두 다 컸다고 하며 추켜세워 주었다.

　네플류도프가 아버지로부터 물려받은 영지를 농부들에게 고루 나누어 주었을 때도, 어머니를 비롯한 친척들 모두 그를 비웃었다. 그 후 그는 땅을 얻은 농민들의 형편이 넉넉해지지 않았을 뿐만 아니라, 그들이 그 땅에 술집을 세 군데나 열고, 전혀 일을 하지 않으며, 오히려 그전보다 더 가난해졌다는 비난을 여러 차례 들어야 했다.

　때때로 네플류도프가 자신의 욕망을 억제하기 위해 낡은 옷을 입거나 술을 입에 대지 않으면, 오히려 이상하다는 눈으로 바라보며 자만심에서 비롯된 행동이라고 놀려 대는 것이었다. 하지만 그가 사냥을 가거나 서재를 화려하게 꾸미는 데 어마어마한 돈을 썼을 때는 모두들 그를 칭찬하며, 값진 물건을 선물하기도 했다.

　이윽고 근위 장교가 된 네플류도프가 상관들과 호화판으로 술을 마시고 노름을 했을 때도, 어머니는 그다지 걱정하지도 않고 또 슬퍼하지도 않았다. 그것을 마치 상류 사회의 젊은이들이라면 당연히 하는 일인 것처럼, 아니 오히려 훌륭한 일이라고 생각하는 것처럼 유흥비로 날린 돈이나 노름하느라고 진 빚을 말없이 갚아 주곤 했다.

　이러다 보니 네플류도프는 차츰 다른 사람으로 변해 갔다. 처음 얼마 동안 그는 이에 맞서 보았지만, 그런 투쟁은 그에게는 무리였다. 왜냐하면 그 때까지 그가 선이라고 믿고 있었던 것은 다른 사람들에겐 악으로 취급되었고, 반대로 악이라고 믿었던 것이 다른 사람들에게는 선으로 취급되었기 때문이다.

　처음 이러한 사실을 깨달았을 때, 네플류도프는 몹시 놀라고 괴로웠다. 그러나 자신의 생각대로 살아 나가기는 몹시 힘이 들었다. 반대로 다른 사람들과 똑같이 행동한다는 것은 아주 쉬웠다. 그리하여 자기 자신과의 투쟁에서 진 네플류도프는 모든 사람들이 하는 대로 자기를 믿는 대신 남을 믿게 되었다.

상트페테르부르크로 옮겨 간 후에 곧 시작된 그의 변화는 군대에 들어간 뒤로는 더욱 심해졌다. 군대란 곳은 대부분의 선량한 사람을 타락하게 하는 곳이다. 군대는 일반 사회인으로서의 의무를 저버리게 하고, 그 대신 연대나 군복, 군기 등의 명예만을 내세우는 한편, 상관은 절대적인 권력으로 부하에게 절대적인 복종을 강요하는 곳이다. 따라서 일반 사회에서 말하는 훌륭한 일이 군대에서는 아무런 가치도 없었다.

특히 부호나 귀족 장교만으로 이루어진 근위 연대는 더했다. 마음껏 돈을 쓸 수 있고, 왕족과 가까이 지낼 수 있다는 허영과 자만심이 그들의 인간성을 타락시키고, 교만하게 만들었던 것이다. 네플류도프는 군대에 입대하면서부터 그런 동료들에게 이끌려 더욱 타락해 갔다.

근위 장교들이 하는 일이란, 남이 깨끗하게 손질해 준 멋진 군복을 입고, 남의 손에 의해서 만들어지고 다듬어진 무기를 가지고, 남의 손으로 길들여진 말을 타고 동료들과 함께 군사 훈련을 하거나, 이따금 시찰을 나서는 것뿐이었다. 나머지 시간에는, 나오는 곳이 분명치 않은 돈으로 장교 클럽이나 고급 술집에서 먹고 마시고 춤을 추었다.

보통 사람들이 그런 생활을 계속했다면 심하게 비난을 받았을 것이다. 그러나 그 당시 사람들은 그것을 선택된 자만이 누릴 수 있는 권리라고 생각하여 오히려 부럽게 여겼다.

군인들이 그와 같은 부끄러운 생활을 당연하다는 듯 하고 있는 것은, 자신들은 전쟁터에 나가 목숨을 바칠 각오가 되어 있으므로 보통 때는 그렇게 즐겁고 편안한 생활이 허용되어야 하고, 또 필요한 것이라는 생각 때문이기도 하였다.

러시아가 터키에 선전 포고를 한 다음 군대에 들어간 네플류도프 역시 그런 생각에 물들어 갔다. 그는 지금껏 자신을 억눌러 온 도덕적 속

박에서 벗어난 것을 기뻐하면서 타락의 길로 빠져들었다.

아름다운 추억

네플류도프가 고모 집에 들른 것은, 그 곳이 이동 중인 그의 소속 연대가 지나가는 길에 있었고, 그가 들러 주기를 바라는 고모들의 성화 때문이기도 했지만, 무엇보다 다시 한 번 카추샤를 만나기 위해서였다. 그의 마음속에서는 그 때 이미 카추샤에 대한 욕망이 싹트고 있었는지도 모르지만, 그가 그런 것들을 뚜렷이 의식했던 것은 아니다. 단지 친절하고 상냥한 고모들과 만나 따뜻하고 한가로운 시골 기분을 맛보고, 동시에 아름다운 추억을 안겨 준 카추샤를 만나고 싶다는 생각뿐이었다.

3월이 다 끝나 가는 부활절 직전의 금요일, 네플류도프는 고모 집에 도착했다. 쌓였던 눈이 녹아 땅이 질퍽거리는데다 비까지 쏟아져 마차를 타고 왔는데도 그의 옷은 흠뻑 젖어 있었다.

네플류도프는 낯익은 낡은 저택의 벽돌담을 돌아 뜰 안으로 마차를 몰고 들어서면서 '카추샤를 만날 수 있을까?' 하는 생각을 했다. 현관 앞에 이르자, 그의 가슴은 심하게 뛰었다. 그는 마차의 방울 소리를 듣고, '행여나 카추샤가 뛰어나오지 않을까?' 하고 기대를 걸었다. 그러나 막상 현관문을 열고 나온 것은 맨발에 양동이를 들고 스커트를 걷어 올린 두 시골 여자뿐이었다. 네플류도프의 얼굴은 실망으로 흐려졌다.

집 안으로 들어가니, 비단옷을 입은 작은고모 소피아 이바노브나가 방에서 나왔다.

"잘 왔다, 네플류도프! 큰고모는 몸이 좀 불편해서 쉬고 있단다. 우린 지금 막 성찬식을 끝냈는데, 기도가 길어져서 지쳤나 봐."

소피아 이바노브나가 네플류도프에게 키스를 하며 말했다.

"그거 축하해야겠군요!"

그러면서 네플류도프는 소피아 이바노브나의 손에 입을 맞추었다.

"이런, 옷이 흠뻑 젖었구나. 아이고, 벌써 수염이 다 나고……. 카추샤, 카추샤! 빨리 커피를 내오너라!"

"네, 곧 가져가요!"

복도 쪽에서 귀에 익은 그리운 목소리가 들려왔다.

'아아, 있었구나!'

네플류도프는 기쁨으로 가슴이 저려 왔다. 마치 구름 사이로 태양이 얼굴을 내밀기라도 한 듯한 기분이 들었다. 그는 들뜬 마음으로 옷을 갈아입기 위해 하인 티혼을 따라 전에 거처했던 방으로 들어갔다. 티혼에게 카추샤에 대해 묻고 싶었지만, 그가 지나칠 정도로 공손하게 대하자 그만 용기를 잃고 엉뚱한 질문만 몇 마디 하고 말았다.

네플류도프가 비에 젖은 옷을 모두 벗고 새 옷으로 갈아입기 시작했을 때, 빠른 발소리가 들리더니 이어 노크 소리가 났다. 그렇게 걷고 그렇게 노크를 하는 사람은 카추샤뿐이었다. 그 발소리도 노크 소리도 네플류도프에게는 모두 감미롭고 다정하게 들렸다.

그는 젖은 외투를 아무데나 걸쳐 놓고 문 쪽으로 다가갔다.

"들어와요!"

들어온 사람은 틀림없는 카추샤였다. 그녀는 3년 전보다 훨씬 더 성숙하고 아름다워져 있었다. 그녀는 약간 사시인 듯한 까맣고 아름다운 눈으로 전처럼 미소를 지으며 네플류도프를 올려다보았다.

눈에 익은 하얀 앞치마를 두르고 있는 그녀는 방금 포장지를 뜯은 향기로운 비누와 수건을 가지고 왔는데, 그 순간 네플류도프는 모든 것이 깨끗하고 상쾌하고 순결하게 느껴졌다. 카추샤의 빨갛고 예쁜 입술은 그를 보자 뛰어오를 듯한 즐거움으로 방긋 벌어졌다.

"안녕하셨어요, 드미트리님!"

카추샤가 얼굴을 붉히며 겨우 말했다.

"잘 있었소? 야아, 전보다 훨씬 더 예뻐졌는걸……."

네플류도프는 그녀와 마찬가지로 얼굴을 붉히면서 인사를 했다.

"여기 도련님이 좋아하시는 장미향의 비누를 가져왔어요."

카추샤는 가지고 온 비누를 꺼내어 화장대 위에 올려놓고 수건은 안락의자 팔걸이에 걸쳐 놓으며 말했다.

"도련님은 다 가지고 계셔."

뚜껑이 열려 있는 화장 도구 상자를 턱으로 가리키면서 티혼이 위엄 있게 말했다. 상자 속에는 여러 종류의 화장수와 머리빗, 머릿기름, 향수, 비누 따위의 화장 도구가 가득 들어 있었다.

"고모님께 고맙다고 전해 줘. 정말 오기를 잘했어. 여기 오니까 기분이 아주 좋은걸."

네플류도프는 기쁨으로 가슴이 설레는 것을 느끼며 말했다.

카추샤는 방긋 웃으며 밖으로 나갔다.

언제나 네플류도프를 사랑하고 아끼던 고모들이었지만, 이번에는 전쟁터로 가는 그를 더욱 따뜻하게 대해 주었다.

네플류도프는 처음엔 하룻밤만 자고 갈 생각이었으나, 카추샤를 보는 순간 마음이 달라져 사흘 후로 다가온 부활절까지 고모 집에서 보내기로 했다. 그래서 오데사에서 만나기로 약속한 친구 센보크에게 전보를 쳐 고모 집으로 오라고 했다.

네플류도프는 카추샤를 다시 본 첫날부터 그녀에게 마음이 끌림과 동시에 전과 같은 감정을 느꼈다. 하얀 앞치마를 입은 카추샤의 모습을 보면 가슴이 설레었고, 그녀의 발소리나 목소리, 웃음소리만 들어도 저

절로 얼굴이 붉어졌다. 그는 그녀의 젖은 듯한 눈동자를 감동 없이 바라볼 수 없었고, 또 무엇보다도 자기를 보면 얼굴을 붉히는 그녀를 당황해하지 않고 쳐다볼 수가 없었다.

네플류도프는 자기가 카추샤를 사랑하고 있다는 것을 깨달았다. 군대 생활을 하는 동안 타락하여 향락적인 놀이에 익숙해진 네플류도프였으나, 카추샤를 다시 만나면서부터 전에 느꼈던 깨끗하고 순진한 마음이 되살아나는 것을 느꼈다.

부활절까지의 이틀 동안 네플류도프는 계속 마음의 갈등을 겪었다. 마음속 깊은 곳에서는 어서 빨리 떠나야 한다고 속삭이는 소리가 들려왔다. 그러나 그는 너무나 즐겁고 기분이 좋아 그 소리를 못 들은 체하고 그냥 주저앉아 버렸다.

부활절 전날 밤, 고모 집에서 그 지방 사제를 모신 가운데 기도회가 있었다. 네플류도프는 큰고모, 작은고모, 그리고 하인들과 함께 이 기도회에 참석했다. 그러나 그는 문 쪽에 서서 향로를 나르고 있는 카추샤만 바라보았다.

네플류도프는 기도식이 끝난 다음 자기 방으로 돌아가려다가 늙은 하녀 마트료나 파블로브나와 카추샤가 복도에서 교회에 가지고 갈 케이크와 물들인 달걀을 싸고 있는 것을 보았다. 문득 자기도 교회에 따라가야겠다고 생각한 네플류도프는 하인에게 급히 말에 안장을 얹으라고 일렀다. 길이 질퍽거려서 마차나 썰매로는 갈 수 없었던 것이다.

그는 군복에 승마용 바지를 입은 다음, 외투를 걸치고 어둠 속을 달려 교회로 갔다.

떨리는 가슴

네플류도프에게 그 날 새벽의 기도회는 일생을 통해 잊을 수 없는 가장 빛나는 추억의 하나가 되었다. 여기저기 녹지 않은 눈이 희뿌옇게 드러나 보이는 어두운 길을 지나 그가 간신히 교회 뜰에 도착했을 때, 벌써 기도회가 시작되어 있었다.

농민들은 그가 여지주들의 조카라는 것을 알고는 재빨리 마른 땅으로 말을 끌고 가 그 곳에서 말을 내리게 했다. 그리고 그를 교회 안으로 공손하게 안내했다. 교회 안은 신도들로 가득 차 있었다. 제단에는 수많은 촛불이 밝혀져 있고, 성가대 쪽에서는 낮은 음과 높은 음의 거룩한 성가곡이 은은하게 울려 퍼졌다.

신도들의 자리는 남자석과 여자석으로 나누어져 있었다. 남자석인 오른쪽에 앉은 나이 많은 노인들은, 손으로 짠 무명옷에 나무 껍질로 엮은 신을 신고, 하얀 각반을 차고 있었다. 그러나 젊은이들은 좋은 감으로 만든 새 옷에 허리에는 밝은 색의 띠를 두르고, 가죽 장화를 신고 있었다.

여자들은 빨간 셔츠에 파랗고, 노랗고, 빨간 스커트를 받쳐 입고, 가죽 구두를 신고 있었다. 그 뒤쪽에는 예쁘게 차려 입은 어린이들과 할머니들이 서 있었다.

네플류도프는 앞쪽으로 걸어갔다. 한가운데에는 잘 차려 입은 부인과 아들을 데리고 온 지주, 그리고 지방 경찰서장, 우체국장, 훈장을 가슴에 단 읍장 등 마을의 귀빈들이 줄지어 앉아 있었다.

마트료나 파블로브나와 카추샤는 설교대 오른쪽에 서 있었다.

모든 것이 엄숙하고, 즐겁고, 아름다웠다. 금실로 십자가를 수놓은 은빛 제의를 입은 사제들도, 말쑥하게 차려 입은 성가대원들도, 그들이 부르는 노래의 곡조도, 사람들이 목소리를 합하여 외치는 '예수 부활하셨네!' 라는 소리도 모두 훌륭했다. 그러나 그 중에서도 가장 아름다운 것은 하얀 옷에 푸른 띠를 두르고, 검은 머리에 붉은 리본을 단 카추샤의 모습이었다.

카추샤가 얼굴을 돌리지는 않았지만, 네플류도프는 그녀가 자기를 의식하고 있다는 것을 알았다. 그녀 옆을 지나 제단을 향해 걸어갈 때 그 사실을 분명하게 느꼈다.

네플류도프는 그녀 곁을 지나치면서 문득 생각이 나서 말했다.

"아침 미사가 끝나면 고모님은 파티를 열 모양인가 봐."

그러자 카추샤는 기쁨으로 빛나는 얼굴에 수줍은 미소를 띠며 그를 쳐다보았다.

"알고 있어요."

오른쪽의 남자석으로 가서 앉은 네플류도프는 주위를 둘러보며 생각했다.

'아아! 이 세상의 모든 것이 카추샤를 위해서 있는 거야. 저 불빛도, 벽도, 촛대에서 타오르는 많은 촛불도……. 그리고 저 즐거운 성가도 오로지 그녀를 위해 불려지고 있는 거야.'

날씬하고 아름다운 모습의 카추샤는 기쁨에 넘쳐 얼굴이 상기되어 있었다. 그 얼굴을 보며 네플류도프는 카추샤도 자기와 똑같은 생각을 하고 있을 것이라고 믿었다.

네플류도프는 아침 미사가 시작되기 전에 교회 밖으로 나왔다. 복도에 있던 사람들이 그에게 길을 터 주면서 인사를 했다.

네플류도프는 교회 입구에서 발을 멈추었다. 거지들이 몰려와서 그를 둘러쌌다. 그는 주머니에서 지갑을 꺼내 그 속의 잔돈을 모두 털어 나누어 주고는 계단을 내려갔다.

아직 해는 뜨지 않았지만 날이 밝아 오고 있었다. 네플류도프는 교회 밖에서 카추샤가 나오기를 기다렸다. 소매 없는 코트를 걸치고 녹색 허리띠를 맨 건장하게 생긴 젊은 농민이 미소를 지으며 그에게로 다가왔다.

"부활을 축하합니다!"

그러면서 그는 턱수염이 까실까실한 얼굴을 네플류도프의 얼굴에 맞대고 세 번 입을 맞추었다.

네플류도프가 그 농민의 인사를 받고 그가 축하 선물로 주는 다갈색으로 물들인 계란을 받고 있을 때, 마침내 카추샤가 미트료나 파블로브나와 함께 나오는 것이 보였다.

카추샤는 앞에 가는 사람들의 머리 너머로 곧 네플류도프를 알아보았다. 네플류도프는 그녀의 얼굴이 갑자기 환해지는 것을 보았다.

카추샤는 마트료나 파블로브나와 함께 교회 문 앞에 이르러 거지들에게 적선을 하기 위해 걸음을 멈추었다. 코가 없는 대신 그 언저리에 붉은 딱지가 앉은 거지가 카추샤 곁으로 다가갔다. 카추샤는 손수건에서 무엇인가를 꺼내어 거지에게 주고는 조금도 망설이지 않고 눈을 반짝이며 그에게 세 번 입을 맞추었다. 거지와 입을 맞추던 카추샤의 눈이 네플류도프의 눈과 마주쳤다.

그녀의 눈은 마치 다음과 같이 묻는 듯했다.

'제가 이렇게 하는 것이 괜찮은 일인가요?'

'좋고말고! 좋은 일이야. 사랑스러운 카추샤, 네가 하는 일은 모두 다좋아. 무조건 아름다워!'

네플류도프는 그녀의 눈을 바라보며 속으로 대답했다.

네플류도프는 카추샤에게로 가까이 다가갔다.

"부활을 축하합니다!"

마트료나 파블로브나가 먼저 네플류도프에게 인사를 건넸다. 그리고 손수건으로 입을 닦은 다음 입술을 내밀었다.

네플류도프도 축하의 인사를 하며 그녀에게 다가가 입을 맞추고 카추샤 쪽을 돌아보았다. 그녀는 얼굴을 붉히면서 그에게로 다가왔다.

"부활을 축하합니다, 드미트리 이바노비치."

"축하해, 카추샤!"

두 사람은 두 번 입을 맞추었다. 그리고 망설이다가 결심한 듯 세 번째 입맞춤을 나누고는 서로 마주 보며 환하게 웃었다.

"신부님한테 가 보지 않겠나?"

네플류도프가 물었다.

"아니에요, 저희는 여기서 기다리겠어요."

카추샤는 대단히 기쁜 일이라도 있었다는 듯이 길게 숨을 내쉬고는 부드러운 눈초리로 네플류도프를 쳐다보았다.

지금도 네플류도프는 카추샤를 회상하면서 그 밤의 청순하고 사랑스러운 모습을 떠올리고 있었다. 카추샤에게는 처녀로서의 순결한 사랑뿐만 아니라 세상 모든 것에 대한 사랑이 넘쳐나고 있었다. 그는 그녀 속에 그런 사랑이 있다는 것을 알고 있었다. 왜냐하면 그 밤과 그 아침은 그도 자기 속에 그러한 사랑이 있는 것을 느끼고, 그러한 순수한 사랑으로 두 사람이 하나가 되어 있는 것을 느꼈기 때문이다.

그것으로 끝났다면 네플류도프에게도, 카추샤에게도 그 날의 일은 아름다운 추억으로 남았을 것이다. 네플류도프는 배심원 대기실의 창가에 앉아 옛일을 생각하며 탄식하고 있었다.

교회에서 돌아온 네플류도프는 고모들과 함께 축제 음식을 먹고, 군대에서 하던 것처럼 기운을 돋우기 위해 보드카와 포도주를 마신 다음,

자기 방으로 가서 옷을 입은 채 잠이 들었다.

얼마나 지났을까, 네플류도프는 문 두드리는 소리에 잠이 깼다. 그 소리의 주인공이 카추샤라는 것을 안 그는 눈을 비비며 일어났다.

"카추샤? 들어와."

카추샤는 살며시 문을 열며 식사하라고 말했다.

새벽 미사 때 입었던 하얀 옷차림의 그녀는 그와 눈이 마주치자 기쁨이 넘치는 표정으로 미소를 지었다.

"응. 곧 가지."

네플류도프는 대답을 하면서 머리를 빗었다.

카추샤가 무슨 할 말이 더 있는 것처럼 머뭇거렸다. 네플류도프는 빗을 내려놓고 그녀에게 다가갔다. 그러자 그녀는 얼른 몸을 돌려 가벼운 걸음걸이로 방을 나갔다.

네플류도프는 재빨리 그녀를 뒤따라가며 불렀다.

"카추샤!"

카추샤는 걸음을 멈추며 고개를 돌렸다.

"무슨 일이세요?"

"그저 좀……."

입 속으로 중얼거리며 네플류도프는 카추샤의 허리를 껴안았다.

"이러지 마세요, 드미트리님."

카추샤는 네플류도프의 손을 떼어 내려고 애쓰며 금방이라도 울음을 터뜨릴 것처럼 얼굴이 새빨개졌다.

네플류도프는 얼른 그녀를 안은 팔을 풀었는데, 창피하고 부끄러운 생각이 들고 자신이 미워졌다. 그러나 다음 순간, 그런 생각을 하는 것은 자신이 어리석다는 증거인 듯하여 다시 한 번 그녀를 뒤쫓아가 그목덜미에 입을 맞추었다.

그녀는 몹시 소중한 어떤 것을 잃어버린 듯 비통한 표정으로 그를 바라보다가 달아났다.

네플류도프가 식당에 들어가니, 잘 차려 입은 두 고모와 이웃 마을의 부인이 식탁에 둘러앉아 있었다. 다들 평소와 같은 태도로 식사를 하고 있었으나, 네플류도프의 마음속에서는 거센 바람이 몰아치고 있었다. 그는 묻는 말에 건성으로 대꾸를 하면서 오직 카추샤만 생각하고 있었다. 다른 일은 그 어떤 것도 생각할 여유가 없었다.

이윽고 카추샤가 식당으로 들어왔다. 네플류도프는 쳐다보지 않고도 그녀의 존재를 온몸으로 느낄 수 있었다.

네플류도프는 식사가 끝나자마자 자기 방으로 돌아갔다. 그는 몹시 흥분하여 서성거리며 혹시 카추샤의 목소리가 들리지 않나 열심히 귀를 기울였다.

그 날 네플류도프는 온종일 카추샤에게만 신경을 썼다. 하지만 두 사람이 오붓하게 만날 기회는 오지 않았다. 그녀가 그를 피하고 있는 듯했다.

저녁 무렵, 카추샤가 네플류도프의 옆방으로 왔다. 손님이 그 방에 묵게 되어 침구를 챙기기 위해서였다.

그 사실을 안 네플류도프는 다른 사람의 눈을 피해 발소리를 죽여 그 방으로 들어갔다. 베갯잇을 갈고 있던 카추샤는 고개를 돌려 네플류도프를 보더니 미소를 지었다. 하지만 그 얼굴에는 기쁨 대신 두려움이 어려 있었다.

카추샤에 대한 참된 사랑과, 모처럼의 좋은 기회를 놓쳐서는 안 된다는 두 마음이 갈등을 일으켰으므로, 네플류도프는 잠시 머뭇거렸다. 그러나 곧 두 번째의 마음이 처음의 마음을 이겨, 그는 용기 있게 그녀 곁으로 다가갔다.

네플류도프는 카추샤를 끌어안아 침대에 앉힌 다음, 자신도 그 곁에 앉았다.

"놓아 주세요, 드미트리님……. 아, 마트료나가 오나 봐요!"

카추샤는 네플류도프로부터 몸을 빼내려고 애쓰며 말했다.

그 말대로 복도에서 그 방 쪽으로 다가오는 발소리가 들렸다.

"오늘 밤 네 방으로 갈 테니 기다려."

"안 돼요, 그건……."

카추샤는 고개를 저었으나, 자신이 없는 말투였다.

발소리의 주인공은 정말 마트료나 파블로브나였다. 담요를 안고 방으로 들어온 그녀는 못마땅한 눈초리로 네플류도프를 흘겨보더니, 화가 난 듯 담요를 잘못 가지고 온 카추샤를 꾸짖었다.

네플류도프는 아무 말 없이 그 방에서 나왔다. 그 표정으로 보아 마트료나 파블로브나가 자기를 비난하고 있다는 것을 알았지만, 창피하다는 생각도 들지 않았다.

날이 어두워지기 시작하자, 네플류도프는 안절부절못하고 서성거렸다. 그는 줄곧 '어떻게 하면 카추샤를 만날 수 있을까?' 하는 것만 생각하였다. 그러나 카추샤는 그를 피하고 있었고, 마트료나 파블로브나도 그녀에게서 눈을 떼지 않았다.

그러다 보니 어느 새 밤이 되었다.

두 고모가 잠자리에 들자, 네플류도프는 밖으로 나갔다. 뜰에는 희끄무레한 안개가 나지막하게 깔려 있었다. 집 근처 절벽 밑을 흐르는 냇물 쪽에서 얼음 갈라지는 소리가 들려왔다.

돌층계를 내려간 네플류도프는 얼어붙은 눈을 밟고 하녀방 창가로 다가갔다. 그의 가슴은 몹시 두근거리고, 잠깐씩 멎었던 숨은 곧 무거운 한숨이 되어 한꺼번에 터져 나왔다. 하녀방에는 작은 램프가 켜져 있었다.

　유리창으로 방 안을 들여다보니, 카추샤는 책상 위에 앉아 멍하니 생
각에 잠겨 있었다. 네플류도프는 숨소리를 죽인 채 그녀를 지켜보았다.
그녀는 갑자기 천장을 쳐다보며 한숨을 내쉬더니, 어떤 생각을 부정하
듯 고개를 젓고는 다시 앞쪽을 바라보았다.

　네플류도프가 창을 두드리자, 카추샤는 마치 감전된 듯 몸을 떨며 두
려운 표정을 지었다. 그러더니 벌떡 일어나 창가로 다가왔다. 밖에 있는
사람이 네플류도프라는 것을 확인한 순간, 그녀는 더욱 두려움에 떨며
얼굴이 하얗게 질렸다.

　네플류도프는 미소를 지었다. 그러자 카추샤도 억지로 따라 웃었다.
네플류도프는 밖으로 나오라고 손짓을 했으나, 그녀는 그 자리에 서서
움직이지 않고 고개를 저었다.

　네플류도프가 다시 나오라고 하기 위해 얼굴을 창 가까이에 댔을 때,
카추샤가 놀란 듯 문 쪽으로 고개를 돌렸다. 누가 부르는 것 같았다. 네
플류도프는 재빨리 창가에서 물러섰다. 안개가 너무 짙어 몇 발짝 물러
서자 창이 보이지 않았다.

　네플류도프는 한동안 뜰 안을 서성거리다가 다시 하녀방 창가로 다가
갔다. 카추샤는 여전히 그 자리에 꼼짝도 않고 앉아 있었다. 그가 조심
스럽게 창을 두드리자, 그녀는 누구인지 확인도 해 보지 않고 문 쪽으
로 달려갔다.

　네플류도프는 문 앞으로 돌아가 기다리고 있다가 뛰어나오는 카추샤
를 품에 안았다. 두 사람은 서로 끌어안은 채 문 옆 어두운 곳에 서 있
었다.

　잠시 후, 마트료나 파블로브나의 성난 목소리가 들려왔다.

　"카추샤! 카추샤, 어디 있는 거냐?"

카추샤는 황급히 네플류도프의 품을 벗어나 방으로 돌아갔다.

곧 문 잠그는 소리가 들리더니, 방의 램프가 꺼졌다.

네플류도프는 어쩔 수 없이 자기 방으로 돌아와 침대에 누웠으나, 아무래도 잠이 오지 않았다.

얼마 후, 네플류도프는 발뒤꿈치를 든 채 복도를 지나 카추샤의 방 쪽으로 갔다. 바로 옆방에서는 마트료나 파블로브나의 코고는 소리가 들려왔다. 조심조심 그 앞을 지나가는데, 갑자기 기침을 하며 몸을 뒤척이는 소리가 났다. 깜짝 놀란 네플류도프는 잠시 그 자리에 멈춰 서 있었다.

이윽고 마트료나 파블로브나의 방에서 고른 숨소리가 났다. 그는 안도의 숨을 내쉬며 카추샤의 방 앞으로 가서 그 문에 귀를 대어 보았다. 잠이 들었는지 조용했다.

"카추샤!"

네플류도프는 나직하게 불러 보았다.

그러자 안에서 옷자락 스치는 소리와 함께 문 쪽으로 다가오는 발소리가 들렸다.

"어서 돌아가세요, 드미트리! 고모님들이 아시면 어쩌려고 이러세요?"

카추샤가 애원하듯 조용한 목소리로 말했다.

그러나 네플류도프는 이미 그녀의 마음이 완전히 무너져 있다는 것을 느낄 수 있었다.

"문 좀 열어 줘, 카추샤! 잠깐이면 돼."

걸쇠 젖히는 소리가 들리자, 네플류도프는 재빨리 문을 밀고 안으로 들어섰다.

그 다음 날, 네플류도프의 친구 센보크가 고모네 집으로 왔다.

그는 타고난 우아함과 친절함, 그리고 쾌활한 행동, 특히 네플류도프에 대한 우정으로 고모들의 마음을 완전히 사로잡았다. 그의 너그러운 성품은 고모들의 마음에 들었으나, 때로는 너무 지나치게 행동하여 눈살을 찌푸리게 하기도 했다.

그는 동냥하러 온 거지에게 1루블짜리 지폐를 주는가 하면, 하인들에게 15루블이나 되는 돈을 팁으로 주어 고모들을 놀라게 했다. 또 그는 소피아 고모의 애견인 발바리가 다리를 다쳐 피를 흘리자, 한 다스에 15루블이나 하는 고급 손수건을 찢어 붕대를 만들었다. 고모들은 그 때까지 그런 낭비벽이 있는 사람을 본 적이 없었기 때문에 조금 어리둥절했다.

센보크는 하룻밤만 묵고, 이튿날 밤 네플류도프와 함께 고모 집을 떠났다. 부대로 돌아가야 할 날짜가 다가왔으므로 더 이상 머무를 수가 없었던 것이다.

고모 집에서의 마지막 날, 네플류도프의 머릿속에는 지지난 밤의 일이 생생하게 떠올랐다. 그는 몹시 고민했다. 못된 짓을 했다는 생각이 자신을 괴롭혔던 것이다. 그러나 그것은 카추샤를 위한 고민이 아니었다. 그는 다만 그런 소문이 세상에 알려져서 자신이 비난받게 될 것을 두려워하고 있었을 뿐이다.

"자네가 여기서 일주일이나 머물러 있었던 이유를 알겠군. 나라면 아마 그냥 눌러앉았을걸. 정말 아름다운 아가씨야."

센보크는 카추샤를 보고 이렇게 말했다.

네플류도프는 센보크에게 두 사람의 관계를 들킨 것 같아 당황스러우면서도 한편으로는 우쭐해지기도 했다.

그 곳을 떠나는 날, 점심 식사를 하고 나서 네플류도프는 현관에서 카추샤를 기다렸다. 그녀는 그를 보더니 얼굴을 붉히며 문이 열려 있는 하녀방으로 들어갔다. 그는 그녀를 따라 방 안으로 들어갔다.

"작별 인사를 하려고 기다렸어. 그리고 이건 내 성의야……."

네플류도프는 100루블짜리 지폐를 넣은 봉투를 카추샤의 손에 건네주었다.

그 뜻을 알아차린 카추샤는 눈살을 찌푸리고 고개를 흔들면서 그의 손을 뿌리쳤다.

"아니, 제발 받아 줘."

그러면서 네플류도프는 다시 그녀의 손에 봉투를 쥐어 준 다음, 마치 불에 덴 것처럼 황급히 그 방을 나왔다.

그 뒤로 네플류도프는 되도록 카추샤와의 일을 생각하지 않으려고 애썼다. 새로운 군대 생활, 동료들, 전쟁 따위가 그 일에 큰 도움이 되었다. 시간이 흐르면서 그는 점차 카추샤의 일을 잊어 갔다. 그리고 마침내는 완전히 잊어버렸다.

단 한 번, 전쟁이 끝난 뒤 네플류도프는 카추샤의 일이 마음에 걸려 고모 집에 들른 적이 있었다. 그러나 카추샤는 이미 그 집을 떠나고 없었다. 고모들의 말로는, 네플류도프가 떠나고 얼마 안 되어 집을 뛰쳐나갔고, 어디선가 아이를 낳았으며, 완전히 타락해 버렸다는 것이었다.

그 말을 들은 네플류도프는 몹시 고민했다.

'그건 틀림없는 내 아이다. 지금 어디 있을까? 찾아야지…….'

그 당시 그는 이렇게 생각했으나, 그것도 잠시였다. 나중에는 그런 것을 생각하는 것조차 가책이 되고 부끄러워서 그녀를 찾는 일을 포기했다. 그러다 보니 차츰 자기 죄를 잊고, 마침내는 카추샤의 생각을 더 이상 하지 않게 되었다.

배심원들의 실수

네플류도프는 배심원 대기실 창가에 앉아 줄담배를 피우며 주위 사람들이 주고받는 이야기에 귀를 기울였다.

배심원 중 한 사람인 상인은 스멜리코프가 부럽다는 듯 말했다.

"그 친구, 눈이 꽤 높아. 그런 여자를 데리고 놀았으니 말이야."

그 밖에도 배심원들은 큰 소리로 웃기도 하고 자기 의견을 그럴듯하게 내세우기도 했다. 네플류도프는 묻는 말에만 간신히 대답하고 줄곧 입을 다물고 있었다.

얼마 후, 직원이 들어와 배심원들에게 다시 법정으로 나가라고 말했다. 네플류도프는 문득 자기가 재판을 하는 것이 아니라, 반대로 재판을 받기 위해 끌려가는 것 같은 두려움을 느꼈다.

그는 마음속으로는 자신이 남 앞에 나설 수 없는 죄인이라고 생각하면서도, 겉으로는 아주 태연하고 침착하게 단상으로 올라갔다. 그리고 배심원장 옆자리에 다리를 꼬고 앉은 채 코안경을 만지작거렸다. 어디론가 끌려나갔던 피고들도 다시 법정으로 들어오고 있었다.

법정에는 새로운 증인들이 불려 나와 있었다. 네플류도프는 카추샤가 그들 중 맨 앞쪽의 긴 의자에 앉아 있는 뚱뚱한 여자를 뚫어지게 쳐다보고 있다는 것을 알아챘다.

큰 리본이 달린 높은 모자를 쓴 그 여자는 비단과 비로드로 만든 화려한 옷을 입고, 팔꿈치까지 드러낸 팔에는 작고 값비싸 보이는 핸드백을 걸고 있었다. 나중에 안 일이지만, 그 여자는 카추샤가 몸담고 있던 술집의 여주인 키타예바였다.

잠시 후, 증인 심문이 시작되었다. 이름과 종교, 신분을 대고 선서를 마친 다음, 키타예바를 제외한 증인은 모두 밖으로 나갔다.

키타예바는 꾸민 듯한 웃음을 입가에 띠고, 독일어 악센트가 섞인 러시아 말로 대답할 때마다 모자를 쓴 머리를 끄덕였다.

그녀는 전부터 알고 있던 호텔 청소부인 시몬 카르친킨이 자기 호텔에 묵고 있던 시베리아 상인을 위해 여자를 부르러 와서 카추샤를 보냈는데, 나중에 카추샤가 그 상인과 함께 돌아왔다고 말했다.

"상인은 만족스러운 듯 우리 가게에 와서 아이들에게 술 한 잔씩을 돌렸는데, 돈이 떨어지자 마슬로바에게 호텔의 자기 방으로 가서 돈을 가져오라고 했지요."

그러면서 키타예바는 피고석에 다소곳이 앉아 있는 카추샤 쪽으로 시선을 보냈다. 그러자 카추샤는 보일 듯 말 듯 미소를 지었다.

"증인은 마슬로바에 대해서 어떻게 생각합니까?"

카추샤의 변호인으로 선정된 관선 변호사가 머뭇거리면서 키타예바에게 물었다.

"더할 나위 없이 좋은 애예요. 얼굴도 예쁘고, 좋은 가정에서 자라 교육도 잘 받고, 프랑스 말도 곧잘 한답니다. 가끔 지나치게 술을 마시긴 하지만, 정신을 잃는다거나 하는 일은 절대로 없었어요. 정말 좋은 애죠."

카추샤는 키타예바의 증언에 귀를 기울이고 있다가, 갑자기 배심원 쪽으로 시선을 돌려 네플류도프를 뚫어지게 바라보았다. 순간, 그녀의 표정은 심각하게 변했다. 아니, 험악해졌다. 약간 사시인 듯한 두 눈을 빛내며 꽤 오랫동안 네플류도프를 바라보고 있었다.

네플류도프는 갑자기 두려움을 느꼈다. 하지만 그는 그녀의 시선에서 벗어날 수가 없었다.

네플류도프는 카추샤가 마침내 자신을 알아본 모양이라고 생각했다. 네플류도프는 온몸이 굳어지고 입 안의 침이 말라 왔다. 그 때, 그녀는 눈길을 돌려 다시 재판장을 바라보았다. 네플류도프는 안도의 한숨을 내쉬었다.

'아아, 재판이 빨리 끝났으면 좋겠는데…….'

네플류도프는 초조한 마음으로 어서 재판이 끝나기를 기다렸다. 그러나 재판은 지루하게 계속되었다. 증인들에 대한 형식적인 심문이 끝난 후, 검사와 변호인의 입씨름이 벌어졌다. 그것이 끝나자, 재판장은 배심원들에게 증거물을 검사하라고 했다. 증거물이라고 해야 커다란 다이아몬드 반지와 독약을 분석했던 시험관 따위가 고작이었다. 그 때 검사가 일어나서 재판장에게 의사의 검시 보고를 읽어 줄 것을 요청했다.

검사가 그런 요구를 하는 것은, 자신이 그런 권리를 가지고 있다는 오직 그 한 가지 이유 때문이었다. 그것은 재판장도 알고 있는 사실이었다. 그러나 따분하고, 무의미하고, 단지 점심 시간을 늦추는 것뿐인 그 보고서 낭독을 생략할 수는 없었다.

27개 항목으로 나누어진 4페이지에 달하는 기다란 검시 보고서가 서기에 의해 한 시간 가까이 낭독된 후, 증거물인 다이아몬드 반지와 시험관이 제시되었다.

"배심원 여러분! 증거물을 보아 주시기 바랍니다."

재판장이 큰 소리로 말했다.

그러자 배심원 몇 사람이 테이블 앞으로 다가가 차례로 반지와 시험관을 살펴보았다. 상인은 반지를 자기 손가락에 끼워 보기도 했다.

"손가락이 굵은 오이만 했던 모양이군."

자기 자리로 돌아오며 상인이 중얼거렸다.

배심원들의 증거물 검사가 끝나자, 재판장은 심리가 끝났다는 것을 선언하고 휴식 없이 바로 검사의 논고를 재촉했다.

재판장은 검사도 역시 사람이니 담배도 피우고 싶고 점심 식사도 하고 싶어 간단하게 논고를 끝낼 것이라고 생각했다. 그러나 자부심 강하고 융통성 없는 이 검사는 자신에게도 다른 사람에게도 너그럽지 않았다. 검사는 점잔을 빼면서 천천히 자리에서 일어나 날카로운 어조로 논고를 시작했다.

"배심원 여러분, 이것은 참으로 특별한 범죄입니다."

이렇게 시작된 논고는 1시간 15분이나 계속되었다.

검사의 논고에 의하면, 상인 스멜리코프는 마음이 넓고 건강하고 또 순수한 인물인데 사람을 잘 믿는 성격 때문에 타락한 자들의 희생물이 되었다는 것이다. 그리고는 이 사건의 주범을 마슬로바라고 단정지었다.

"카르친킨이나 보치코바는 교육도 받지 못하고 신념도 없는 자들이지만, 마슬로바는 글을 읽을 줄 알 뿐만 아니라, 프랑스 말도 알고 있습니다. 그러니 올바른 일을 하며 살아갈 수도 있었을 것입니다. 그럼에도 불구하고 이 여자는 자기를 키워 준 은인들을 저버리고 타락했습니다. 끝내는 스멜리코프라는 선량한 상인을 홀려 자기를 믿게 하고, 그 믿음을 이용하여 살인을 저질렀던 것입니다……."

그 뒤에도 한참 동안 계속된 논고 끝에 검사는 다음과 같은 결론을 내렸다. 즉, 마슬로바는 스멜리코프의 돈과 물건을 훔칠 목적으로 호텔에 갔으나, 카르친킨과 보치코바에게 들키자 하는 수 없이 셋이서 돈을 나누어 가졌으며, 그 뒤 범행을 숨기기 위해 스멜리코프와 함께 호텔로 가서 그를 독살했다는 것이었다.

검사의 논고가 끝나자, 카르친킨과 보치코바의 변호를 맡은 중년의 변호사가 일어났다. 300루블에 변호를 의뢰받은 이 변호사는, 두 사람은 죄가 없다며 모든 죄를 마슬로바에게 뒤집어씌웠다.

다음에는 재판소에 의해 선정된 마슬로바의 변호사가 더듬거리며 그녀에 대한 변론을 시작했다. 그는 마슬로바가 돈을 훔치는 일에 가담했다는 것은 부정하지 않으면서, 그녀가 스멜리코프를 죽일 생각 없이 단지 그를 잠자게 할 목적으로 가루약을 술에 타서 먹였다는 것을 거듭 주장했다. 이 변호가 끝난 후, 검사가 다시 일어나서 변호인의 변론에 대한 반대 의견을 길게 늘어놓고 자리에 앉았다.

이어서 피고들의 마지막 진술이 허락되었다. 예브피미아 보치코바는, 자기는 아무것도 모르며 이 사건과는 아무 관련도 없다고 말하면서, 모든 것은 마슬로바의 짓이라고 주장했다.

시몬 카르친킨도 말했다.

"저는 결백합니다. 아무리 생각해 봐도 죄가 없습니다."

그러나 마슬로바는 입을 다물고 있었다. 재판장이 자기를 변호할 말이 있으면 해 보라고 하자, 그녀는 재판장을 빤히 쳐다보다가 막다른 곳에 몰린 짐승처럼 법정 안을 한 바퀴 빙 둘러보더니 흐느껴 울기 시작했다.

그와 동시에 배심원석에서 괴상한 소리가 들렸다. 그것은 치밀어오르는 흐느낌을 억누르고 있는 네플류도프의 신음 소리였다.

"왜 그러십니까?"

네플류도프가 낸 이상한 소리에 놀란 옆자리의 상인이 물었다.

그 바람에 문득 정신을 차린 네플류도프는, 솟구치는 눈물을 남에게 보이지 않기 위해 코안경을 쓰고 손수건을 꺼내어 코를 풀었다.

피고들의 마지막 진술이 끝나자, 재판장은 이미 변호사, 검사, 증인 등이 몇 차례나 말한 사실을 되풀이하며 사건에 대해 설명했다.

마슬로바는 재판장의 말을 한 마디도 놓치지 않으려는 듯 그의 얼굴을 빤히 쳐다보았다. 그 덕분에 네플류도프는 서로 눈이 마주치면 어쩌나 염려하지 않고 그녀를 지켜볼 수 있었다.

지난날 사랑했던 사람을 오랜 세월이 지난 후에 만나면, 처음에는 서로 헤어져 있는 동안 겉모습이 변한 데 놀라게 뇐나. 그러나 소금 시산이 지나면 차츰 옛 모습이 되살아나, 그 사람이 지닌 독특한 점이 보인다. 죄수복 차림으로 몸이 전체적으로 다소 통통해지고, 이마나 눈가에 잔주름이 생기고, 눈이 좀 부은 듯하지만, 그녀는 틀림없이 부활절의 그날 기쁨에 찬 얼굴로 미소를 지으며 그를 쳐다보던 바로 그 사랑스러운 카추샤였다.

이윽고 사건 설명을 끝낸 재판장은 중요한 항목이 적혀 있는 서류를 배심원들에게 넘겨 주었다. 피고들의 운명은 이제 이들 배심원들에게 달린 것이다.

배심원들은 비로소 퇴장할 수 있게 된 것을 다행으로 여기며 회의실로 자리를 옮겼다. 배심원들이 모두 들어가자, 회의실 문이 닫히고 헌병이 그 문 앞에서 보초를 섰다. 그 뒤를 이어 재판관들도 퇴장하고, 피고들도 끌려나갔다.

배심원들은 회의실에 들어서자 담배부터 피워 물었다. 그리고 가벼운 기분으로 여기저기 자리를 잡고 앉아 떠들어 대기 시작했다.

"저 마슬로바라는 젊은 여자에게는 죄가 없어요. 두 피고가 교묘하게 그 여자를 끌어들여 죄를 덮어씌운 거죠. 관대하게 처리해야 합니다."

사람 좋은 상인이 말했다.

"지금부터 심의에 들어갈 텐데, 그렇다고 개인적인 감정에 기울어져서는 안 됩니다."

배심원장이 말했다.

"마슬로바가 그 두 사람과 공모하지 않았다면, 그들은 돈이 어디 있는지 몰랐을 겁니다."

유대 인 영지 관리인이 말했다.

"그럼 당신은 그녀가 돈을 훔쳤다는 얘긴가요?"

배심원 중 한 사람이 물었다.

"난 결코 그렇게 생각하지 않습니다. 그건 모두 저 눈알이 빨간 하녀가 한 짓입니다!"

사람 좋은 상인이 외쳤다.

"하지만 그 여자는 방에 들어가지 않았다고 하지 않았습니까?"

"아니, 그럼 당신은 그 여자 말을 믿습니까? 난 그런 여자의 말은 믿지 않습니다."

"당신이 믿지 않는다는 것만으로 유죄냐 무죄냐를 결정할 수는 없습니다."

이와 같이 갈피를 잡을 수 없는 말이 배심원들 사이에 한참 동안이나 계속되었다.

"자, 여러분! 이제부터 심의를 시작하겠습니다. 어서 이리들 오시지요."

배심원장이 의장석에 앉으면서 말했다.

그들은 재판장이 넘겨 준 다음과 같은 질문서를 놓고 하나하나 검토하기 시작했다.

첫째, 시몬 카르친킨은 상인 스멜리코프가 가진 돈과 반지를 빼앗을 생각으로 다른 두 명과 공모하여 술에 독약을 타 먹여 그를 살해하고, 돈 2천5백 루블과 다이아몬드 반지를 훔친 사건에서 유죄인가?

둘째, 위의 사건에서 예브피미아 이바노브나 보치코바는 유죄인가?

셋째, 위의 사건에서 예카테리나 미하일로바 마슬로바는 유죄인가?

넷째, 보치코바가 첫 번째의 범행에서 죄가 없다면, 또 다른 열쇠로 상인 스멜리코프의 방에 있던 가방을 열고 2천5백 루블을 훔쳐간 사실에 대해서는 유죄인가?

"여러분 생각은 어떻습니까?"
배심원장이 배심원들을 둘러보며 물었다.
첫 번째 질문에 대해서는, 카르친킨이 독살과 돈을 훔치는 데 모두 가담했다는 결론을 내리고 '유죄'로 결정했다. 이에 반대 의견을 내놓은 배심원은 단 한 사람뿐이었다.
보치코바에 관한 두 번째 질문에는, 그녀가 독살에 가담했다는 증거가 충분치 못하므로 '무죄'로 결정되었다.
마슬로바에게 호의를 가지고 있던 상인은 그녀를 변호하기 위해 보치코바가 독살 사건의 주모자라고 주장했다. 대부분의 배심원이 그의 의견에 동조했지만, 배심원장은 그녀가 독살의 주모자라고 생각할 수 있는 근거가 없다고 했다. 한참 동안 토론을 한 끝에 배심원장의 의견이 승리를 거두었다. 그러나 2천5백 루블의 돈을 훔친 일에 대해서는 '유죄'로 결정을 내렸다.
마슬로바에 대해서는 심한 논쟁이 있었다. 배심원장은 독살이나 돈을 훔친 일에 대해 모두 마슬로바가 '유죄'라고 주장했다. 그러나 사람 좋은 상인과 예비역 대령과 유대 인 영지 관리인, 그리고 협동 조합장은 그 주장에 반대했다. 그 밖의 배심원들은 처음에는 쉽게 결정을 내리지 못했다. 그런데 시간이 흐름에 따라 차츰 배심원장의 의견이 힘을 얻어갔다. 지친 배심원들이 빨리 결론이 날 수 있는 의견에 찬성했기 때문이다.
네플류도프는 카추샤가 이런 독살이나 절도 사건에 관계했을 리가 없다고 생각했다. 그는 처음부터 그녀가 무죄라는 것을 확신하고 있었다. 그러나 어느 결에 배심원장의 의견인 유죄로 기울어지는 것을 보고 몹시 당황했다. 그래도 아무 말도 못했다. 만약 입을 열게 되면, 배심원들이 자기와 카추샤 사이를 눈치챌 것만 같았기 때문이다. 그렇지만 그대로 카추샤를 죄인으로 만들어 버릴 수는 없는 일이었다. 네플류도프는 용기를 내어 얼굴을 붉히면서 막 말을 꺼내려고 했다.

그런데 그 때까지 골똘히 무슨 생각에 잠겨 있던 중학교 교사가 더이상은 참을 수 없다는 듯이 배심원장에게 대들었다.

"열쇠를 가지고 있던 사람이 마슬로바니까 그 여자가 돈을 훔쳤다고 하시는데, 그건 정말 말도 안 됩니다. 그 여자가 돌아간 뒤 호텔 종업원들이 다른 열쇠로 가방을 열 수도 있잖습니까?"

"그렇지, 맞아요!"

상인이 맞장구를 쳤다.

"더구나 그녀 입장으로는 돈을 훔칠 수가 없었을 것입니다. 설령 훔친다고 해도 숨겨 둘 데가 없으니까요. 오히려 그 여자가 호텔에 나타난 점을 이용해서 호텔 종업원들이 범행을 저지른 다음 모든 죄를 뒤집어씌웠을 수도 있잖습니까?"

중학교 교사가 말했다.

"내가 말하고자 하는 것도 바로 그거요!"

상인이 다시 동조했다.

이윽고 대부분의 배심원들은 중학교 교사의 주장에 찬성했다. 그래서 마슬로바는 돈도 반지도 훔치지 않았으며, 따라서 반지는 죽은 상인 스멜리코프가 그녀에게 주었다는 사실이 인정되었다.

독살 문제로 넘어가자, 마슬로바를 편들고 있던 상인은 그녀에게는 그를 독살할 이유가 없으므로 마땅히 무죄가 되어야 한다고 주장했다.

그러나 배심원장은 마슬로바 자신이 가루약을 먹였다고 자백했으므로 무죄로 인정할 수는 없는 일이라고 주상했나.

"가루약을 타서 먹인 것은 사실이지만, 그 여자는 그 약을 수면제로 알았던 겁니다."

상인이 말했다.

"하지만 수면제로도 사람을 죽일 수는 있습니다."

시간은 벌써 4시가 지나 있었다.

한 배심원이 그 사실을 상기시키자, 배심원장은 여러 사람을 둘러보며 말했다.

"그러면 여러분, 이렇게 합시다. 유죄는 인정하되, 돈이나 반지를 훔치지는 않았다고 하면 어떻겠습니까?"

중학교 교사는 자기 주장대로 된 것을 만족하게 생각하고, 배심원장의 의견에 기꺼이 찬성했다.

"거기에다가 정상을 참작해야 합니다."

상인이 덧붙였다.

상인의 말에 모두 찬성했으나, 협동 조합장만은 '무죄'로 해야 한다고 주장했다.

"어떻든 마찬가지 아니겠습니까? 훔칠 생각이 없었고, 또 실제로 아무것도 훔치지 않았다고 하면 결국 무죄가 되는 것 아니겠습니까?"

배심원장이 설명했다.

"거기다 정상이 참작되면 곧 자유의 몸이 되겠지요."

상인이 유쾌하다는 표정으로 덧붙였다.

그런데 이 때 배심원들은 어처구니없는 실수를 저질렀다. 지나치게 오랫동안 토의를 하는 바람에 모두들 지쳐 그 자리에서 한시라도 빨리 벗어나고 싶었다. 또 자기들이 내린 결론에 흥분하고 있었기 때문에, 누구 한 사람 그 항목 끝에 '독약은 먹였지만 살해할 생각은 없었다.'라고 덧붙여야 한다는 사실을 깨닫지 못했다. 네플류도프 역시 흥분하여 미처 그 생각을 못했다.

엉터리 판결

재판관들이 자리에 앉자, 배심원들이 차례차례 법정으로 들어왔다.

재판장은 배심원장에게서 받은 서류를 재빨리 훑어보더니, 놀란 표정으로 어깨를 으쓱하고는 옆에 있는 판사들과 의논하기 시작했다.

재판장이 놀란 것은 배심원들이 '훔치려는 생각은 없었음'이라는 단서는 붙였으면서 '살해할 생각은 없었음'이라는 가장 중요한 단서를 붙이지 않았기 때문이다. 배심원들의 결정대로라면, '마슬로바는 돈을 훔치지도 않고 빼앗지도 않았으나 아무 이유 없이 한 사람을 독살한 것이다.

"참으로 어처구니없는 결론을 내렸군. 이러면 아무 죄도 없는 여자가 징역을 살아야 한다는 이야긴데……."

재판장이 왼쪽의 판사에게 말했다.

"아니, 왜 죄가 없다는 겁니까?"

판사가 되물었다.

"이런 경우 제818조가 적용되지."

재판장은 단호한 목소리로 말했다.

재판관이 옳지 않다고 판단했을 때 배심원의 결정을 취소할 수 있다고 명시된 조항이 바로 제818조였다.

"어떻게 생각하시오?"

재판장이 오른쪽의 판사에게 물었다.

그러자 사람 좋은 그 판사는 잠시 망설이던 끝에 대답했다.

"제 생각에도 그렇게 해야 할 것 같습니다."

"그럼 당신은?"

재판장은 이번에 왼쪽의 판사에게 물었다.

"그건 안 됩니다. 그러잖아도 배심원들이 범죄자를 감싼다는 비난의 소리가 있는데, 이제 또 무죄로 한다면 무슨 소리를 하겠습니까?"

그가 흥분해서 얼굴을 붉히며 말했다.

"가엾지만 어쩔 수가 없군. 자, 이걸 좀 읽어 주시오."

재판장은 배심원장에게 답신서를 건네주었다.

모두 자리에서 일어났다. 배심원장은 헛기침을 크게 한 다음, 질문 사항과 답신서를 읽었다.

듣고 있던 사람들, 즉 서기, 변호사, 심지어는 검사조차 놀란 표정을 지었으나, 피고들은 답신서의 뜻을 이해하지 못해서인지 무표정한 얼굴로 앉아 있었다.

배심원장의 낭독이 끝나자, 재판장은 검사에게 구형을 어떻게 하겠느냐고 물었다.

검사는 자기의 멋진 논고 덕분에 마슬로바가 유죄가 되었다고 기뻐하며, 잠시 서류를 훑어본 다음 자리에서 일어났다.

"시몬 카르친킨은 형법 제1452조 및 제1453조 제4항, 예브피미아 보치코바는 형법 제1659조, 예카테리나 마슬로바는 형법 제1454조에 의하여 각각 처벌되기를 바랍니다."

그것은 예상했던 범위 안에서는 가장 무거운 형이었다.

"형의 결정과 판결문 작성을 위해 잠시 휴정합니다."

재판장이 일어서면서 말했다.

그 뒤를 이어 모두 일어났다. 어려운 임무를 훌륭하게 완수했다는 생각에 홀가분하고 밝은 표정으로 밖으로 나가는 사람도 있었으나, 대부분은 법정 안을 서성거리고 있었다.

"우린 너무나 어처구니없는 실수를 저질렀습니다. 우리가 죄없는 그 여자를 징역으로 몰아넣은 셈입니다."

중학교 교사가 배심원장과 이야기하고 있는 네플류도프 쪽으로 다가오면서 말했다.

"뭐라고요?"

네플류도프는 깜짝 놀라서 외쳤다.

"그렇잖습니까? 우린 '유죄이긴 하나 살해할 생각은 없었음'이라는 단서를 붙여야 하는 것을 잊었거든요. 조금 전 서기에게 들었는데, 그녀를 15년의 유형에 처할 모양입니다."

"그건 여러분이 그렇게 결정하신 겁니다."

배심원장이 말했다.

그러자 중학교 교사는 돈을 훔치지 않은 마슬로바가 사람을 죽일 생각을 했을 리가 없다는 것은 명백한 사실이라고 대들었다.

"배심원실을 나오기 전에 내가 여러분에게 답신서를 읽어 주었는데, 그 땐 아무도 반대를 하지 않았습니다."

배심원장이 변명하듯 말했다.

"난 그 때 잠깐 자리를 비웠습니다. 그런데 당신은 어떻게 그런 것을 듣고도 가만히 있었습니까?"

중학교 교사가 네플류도프에게 따져 물었다.

"미처 생각하지 못했어요."

"그거 참 안됐군요."

"지금이라도 고칠 수 없을까요?"

네플류도프가 말했다.

"아니, 이미 늦었습니다."

네플류도프는 피고들 쪽을 바라보았다. 그들은 이미 운명이 결정된 줄도 모르고 헌병들의 감시 아래 의자에 앉아 있었다. 무슨 일인지 마슬로바는 입가에 엷은 미소를 띠고 있었다.

그 순간, 네플류도프의 마음속에서는 교활한 생각이 꿈틀거렸다. 그때까지는 카추샤가 무죄로 풀려날 경우만 생각하고 그녀를 어떻게 대해야 할지 난감했다. 그런데 이제 그녀가 시베리아로 가게 되었으니, 이것으로 두 사람의 관계는 완전히 끊어지고 자신은 무겁고 힘든 짐을 벗어 버릴 수 있게 된 것이다.

중학교 교사의 예상은 들어맞았다.

재판장은 회의실에서 돌아오자 판결문을 읽기 시작했다.

"188×년 4월 28일, 본 지방 재판소는 배심원들의 결정에 따라 다음과 같이 선포한다. 농민 시몬 카르친킨과 평민 예카테리나 마슬로바에 대해서는 모든 공민권과 재산권을 빼앗고, 카르친킨은 8년, 마슬로바는 4년의 징역형에 처한다. 평민 예브피미아 보치코바에 대해서는 역시 모든 권리를 빼앗고, 3년의 금고형에 처한다. 이상."

카르친킨은 여전히 뺨을 실룩거리면서 몸을 꼿꼿이 펴고 서 있었고, 보치코바는 매우 침착해 보였다. 그러나 마슬로바는 얼굴이 빨개지며 법정 안에 있는 사람들에게 다 들리도록 소리를 질렀다.

"전 아무 죄도 없어요! 이건 정말 억울해요! 사람을 죽이다니, 그런 것은 생각조차 해 본 일이 없어요. 정말이에요!"

그리고 마슬로바는 긴 의자에 엎드려 큰 소리로 울기 시작했다.

카르친킨과 보치코바가 법정에서 끌려나간 후에도 그녀는 자기 자리에 앉아 울고 있었다. 어쩔 수 없이 헌병은 그녀의 죄수복 소매를 잡아

당기며 일어나라고 재촉했다.

'이대로 내버려 둘 수는 없다.'

네플류도프는 조금 전의 교활한 생각은 까맣게 잊어버리고 자기도 모르게 문 쪽으로 달려갔다. 어떻게 하겠다는 뚜렷한 생각도 없었다. 단지 그녀를 한번 보고 싶었을 뿐이다.

그러나 문 앞에는 재판이 끝났다는 만족감에 젖은 배심원들과 방청객들이 서로 먼저 나가려고 밀치고 있었으므로, 그는 문간에서 잠시 기다리지 않으면 안 되었다.

네플류도프가 겨우 복도로 나왔을 때, 카추샤는 이미 멀리 가 있었다. 그는 사람들의 시선에도 아랑곳하지 않고 빠른 걸음으로 뒤쫓아갔다. 그리고 재빨리 그 앞을 막아섰다. 카추샤는 벌써 울음을 그쳤으나, 이따금 흐느끼며 벌겋게 얼룩진 얼굴을 스카프 자락으로 닦고 있었다.

카추샤는 그냥 네플류도프의 곁을 스쳐 지나갔다. 그녀가 가고 난 다음, 네플류도프는 재판장을 만나기 위해 급히 되돌아갔으나, 그는 이미 자리를 뜨고 없었다.

네플류도프는 사환으로부터 손잡이가 달린 단장을 받아드는 재판장을 가까스로 수위실 앞에서 붙잡았다.

"재판장님, 방금 판결이 끝난 사건에 관해 말씀드리고 싶습니다. 저는 배심원입니다."

"네, 알고 있습니다. 네플류도프 백작이시죠? 만나뵙게 되어 반갑습니다. 그런데 무슨 일이신가요?"

"마슬로바에 대한 배심원들의 답신서에 착오가 있었습니다. 그녀는 독살 혐의가 없는데도 유죄 판결을 받았습니다."

네플류도프는 침울하고 굳은 표정으로 말했다.

"우리는 여러분이 제출한 답신서에 의해 그런 판결을 내린 것입니다.

물론 우리도 그 답신서의 내용에 문제가 있다고 생각했습니다만……."

재판장이 말했다.

그는 배심원들에게, 만일 죽일 생각이 있었다는 것을 부정하지 않고 '유죄'라고 기록하면 그 사실을 인정하는 셈이 된다고 이야기해 주고 싶었지만, 얼른 끝내려고 서두르다가 그만 그 말을 못했다는 것이 생각났다.

"이제 잘못을 정정할 수는 없습니까?"

"변호사와 상고에 대해 의논해 보시죠."

재판장은 문 쪽으로 천천히 걸음을 옮기면서 말했다.

그는 네플류도프에게 정중한 태도를 보이려 애쓰고 있었다.

"백작님도 지금 나가실 거죠?"

"네, 그렇습니다."

네플류도프는 서둘러 외투를 입고 재판장과 함께 문 밖으로 걸어 나갔다. 그러자 지나가는 마차의 바퀴 소리 때문에 목소리를 높이지 않고는 말을 할 수가 없었다.

"정말 일이 묘하게 되었습니다. 만일 당신들이 답신서 끝에 '죽일 생각은 없었음.'이라는 단서만 붙였으면 그 여자는 무죄로 풀려났을 텐데……."

"그런 중요한 사항을 빠뜨리다니, 우리가 돌이킬 수 없는 큰 실수를 저질렀습니다."

네플류도프가 안타깝다는 듯이 말했다.

"문제는 바로 거기에 있었습니다."

재판장은 의미 있는 미소를 짓더니 시계를 들여다보면서 말을 이었다.

"원하시면 지금 곧 변호사와 의논해 보시죠. 상고 이유를 찾아야 할

　테니까요.”
　재판장은 친절하게 인사를 하고 멀어져 갔다.
　네플류도프는 재판장과 이야기를 하며 어느 정도 기분이 가라앉았다.
그는 카추샤를 구하기 위해 파나린과 미키신이라는 유명한 변호사들을
빨리 찾아보아야겠다고 생각했다.
　‘아마 그들이라면 카추샤를 구할 수 있을 거야.’
　네플류도프는 재판소로 되돌아갔다. 2층 복도에서 그는 자기가 생각
했던 변호사 중의 한 사람인 파나린을 만났다.
　“좀 피곤하긴 하지만, 오래 걸리지 않는 일이라면 말씀을 들어 보기
로 하지요.”
　파나린은 어느 판사의 사무실인 듯한 방으로 그를 안내했다. 두 사람
은 탁자를 사이에 두고 마주 앉았다.

"무슨 말씀인지 해 보십시오."

"먼저 부탁드릴 것이 있는데, 내가 이 문제에 관계하고 있다는 것을 비밀로 해 주시기 바랍니다."

"그야 물론이지요. 그런데……."

"나는 오늘 어느 법정의 배심원 노릇을 했는데, 우리가 잘못해서 죄 없는 젊은 여자를 4년의 유형에 처하게 했습니다. 그게 괴로워서……."

네플류도프는 자기도 모르게 얼굴을 붉히면서 더듬거렸다.

파나린은 그런 네플류도프를 호기심을 억누르며 바라보았다.

"죄없는 사람을 유죄로 만들어 버렸으니, 상급 재판소에 상고할까 합니다. 이 사건을 좀 맡아 주십시오. 사례나 비용은 얼마가 되든 상관없습니다."

네플류도프는 얼른 이야기를 끝내려고 서둘렀다.

"아, 그 문제는 나중에 이야기하기로 하고, 대체 어떤 사건입니까?"

네플류도프는 재판의 내용과 배심원들의 실수, 부당한 판결 등에 대해 대충 설명했다.

"잘 알았습니다. 재판 기록을 조사해 보지요. 목요일 저녁 6시에 저의 집으로 오십시오. 대답은 그 때 해 드리겠습니다."

파나린은 선선하게 말했다.

네플류도프는 그와 악수를 나누고 헤어졌다.

변호사와 이야기를 했다는 것, 즉 카추샤를 위해 무엇인가를 했다는 것이 그의 기분을 더욱 가라앉혀 주었다. 그는 거리로 나갔다.

화창한 날씨였다. 네플류도프는 가벼운 마음으로 맑은 공기를 들이마셨다. 그러자 갑자기 카추샤에 대한 추억과 자기가 저지른 짓에 대한 상념이 머릿속에 꼬리를 물고 떠올랐다. 그는 다시 우울해졌다. 모든 것이 아무 의미도 없는 것처럼 느껴졌다. 그러나 그는 지금은 그런 생각을 할 때가 아니라고 애써 자신을 달랬다.

문득 코르차킨 공작 댁의 만찬에 초대받은 것이 생각나 시계를 들여다보았다. 서두르면 늦지 않게 갈 수 있을 것 같았다. 그는 지나가던 마차를 불러 타고 코르차킨 공작의 저택으로 향했다.

자신과의 약속

"어서 오십시오, 백작님. 식사는 이미 시작되었습니다만, 식당으로 들어가시지요."

듬직한 체구의 문지기가 네플류도프를 맞아 주었다.

네플류도프가 식당으로 들어가니, 온 가족이 식탁에 모여 앉아 있었다.

"마침 잘 오셨소. 막 생선이 나온 참인데, 어서 이리 앉으시오."

틀니로 조심스럽게 음식을 우물거리며 코르차킨 공작이 말했다.

네플류도프를 쳐다보는 그의 눈은 벌겋고 탁해 보였다.

네플류도프는 약속 시간에 늦은 것을 사과하고, 식탁을 빙 돌며 차례로 악수를 나누었다. 늙은 공작과 부인을 제외한 모든 사람이 일어나서 그를 맞이했다. 대부분은 잘 모르는 얼굴들이었는데, 그런 사람들과 이렇게 친한 듯이 악수를 하는 것이 어쩐지 불쾌하고 우스운 생각이 들었다.

이윽고 식탁에 앉은 네플류도프는 별로 배고프지도 않으면서 열심히 먹기 시작했다.

"시장하셨나 봐요. 좀 피곤해 보이기도 하고……."

네플류도프가 수프 접시를 비우기를 기다려, 언제나 그렇듯이 우아하게 차려 입은 공작의 딸 코르차키나가 부드러운 목소리로 말했다.

"뭐, 별로……. 그런데 전람회에는 다녀오셨습니까?"

네플류도프가 물었다.

"아니, 전람회는 다음에 가기로 하고 오늘은 테니스를 쳤어요."

네플류도프가 코르차킨 공작의 저택에 온 것은 기분 전환을 위해서였다. 그는 이 집에 올 때마다 늘 기분이 좋았다. 그것은 그를 감싸 주는 듯한 푸근한 분위기 때문이었다.

그런데 오늘은 모든 것이 싫고 눈에 거슬렸다. 코르차키나까지도 오늘의 그에게는 매력이 없었다. 어쩐지 잘난 척하는 듯한 느낌이 들었다. 음식도 맛이 없었고, 오가는 대화도 불쾌했다.

"혹시 무슨 일이 있으셨어요?"

온 신경을 네플류도프에게 쏟고 있던 코르차키나가 물었다.

"네, 좀 묘한 일이 있었습니다."

네플류도프는 정직하게 말했다.

그 순간, 그는 카추샤와의 우연한 만남을 떠올리며 미간을 찌푸렸다.

"무슨 일인지 말씀해 보세요."

"미안하지만, 지금은 말할 수가 없습니다."

코르차키나는 섭섭한 표정을 지었다.

마침내 네플류도프는 침울하고 불쾌한 기분으로 코르차킨 저택을 나오고 말았다.

그는 집으로 돌아가는 낯익은 거리를 걸으면서 생각했다.

'아, 추하고 지저분한 일이다!'

코르차키나와의 관계뿐만 아니라 자기와 관계된 모든 일이 그렇게 느껴졌다.

집에 도착한 네플류도프는 조용히 객실로 들어가 문을 잠갔다. 하인들과 마주치는 것조차 귀찮은 생각이 들었기 때문이다. 그 방은 3개월 전에 어머니가 숨을 거둔 곳이다. 반사경이 달린 2개의 램프가 아버지와 어머니의 초상화 옆에 붙어 있었다. 그 초상화는 네플류도프가 어머니에 대한 좋은 추억을 간직하기 위해 유명한 화가에게 많은 돈을 주고 그리게 한 것이다.

어머니는 가슴이 넓게 팬 검은 비로드 옷을 입고 있었다. 화가는 가슴과 그 사이의 깊은 곳, 하얀 어깨, 그리고 목을 특히 공들여 그렸다. 어머니의 초상화를 바라보고 있던 네플류도프의 머릿속에 가슴이 드러난 야회복을 입은 코르차키나의 모습이 떠올랐다.

그녀의 아버지 코르차킨 공작은 거칠고 잔인한 성격의 소유자이고, 그녀의 어머니는 수상한 소문이 나돌고 있는 여자였다.

모든 것이 구역질나고 추악하다는 생각이 들면서 가슴이 답답했다. 네플류도프는 벗어나고 싶었다. 코르차킨 집안에서도, 어머니의 유산에서도, 그 밖의 모든 거짓된 관계에서 벗어나고 싶었다. 그리고 자유롭게, 누구의 간섭도 받지 않고 홀로 지낼 수 있는 곳으로 멀리 떠나고 싶었다.

'그래, 로마로 가자! 거기서 그림 공부를 하자.'

그러나 그는 곧 자신이 과연 그림에 대해 재능이 있는지 회의를 느꼈다.

'아니, 그런 건 아무래도 좋아. 아무도 모르는 곳에서 마음껏 자유롭게 살 수 있기만 하면 된다. 우선 콘스탄티노플에 갔다가, 그 다음에 로마로 가자. 하지만 카추샤의 재판 문제가 마무리되기 전에는 움직일 수 없지.'

그러자 갑자기 죄수복을 입은 카추샤의 모습이 이상할 만큼 뚜렷하게 눈앞에 떠올랐다. 선고를 받고 비통하게 울부짖던 그녀의 모습을 지우기 위해 네플류도프는 피우던 담배를 재떨이에 비벼 끄고 다시 새 담배에 불을 붙여 물었다. 그리고는 방 안을 왔다갔다하기 시작했다.

마지막으로 카추샤를 만났을 때의 기쁨과 헤어질 때의 아쉬움, 빨간 리본을 맨 머리와 하얀 옷, 부활절에 있었던 일……. 그녀와 함께 지냈던 지난날의 일들이 하나하나 머리를 스치고 지나갔다.

네플류도프는 비로소 고모 집으로 논문을 쓰러 갔을 무렵부터 이미 그녀를 사랑하고 있었다는 것을 깨달았다. 그는 그 때의 자신을 생각해 보았다. 발랄하고, 젊고, 옳다고 생각하면 서슴없이 실천하는 용기가 있었다. 삶의 신선함과 젊음이 충만했던 지난날에 대한 생각은 그의 마음을 아프게 했다. 그 때의 자기와 지금의 자기는 엄청난 차이가 있었다. 그 무렵의 그는 장래가 촉망되는 의욕에 찬 젊은이였으나, 지금은 어리석고, 아무 목적 없는 공허한 생활의 굴레에 사로잡혀 있었다. 그 때는 솔직한 것을 생명으로 삼았고 진실을 말하는 것을 자기 신조로 여겼으나, 지금은 무서운 거짓의 세계에 둘러싸인 채 그것에 익숙해져 있다.

네플류도프는 어떤 어려운 일이 있더라도 자신을 얽매고 있는 거짓을 부수고, 이번만은 옳다고 믿는 일을 해 보자고 굳게 다짐했다.

'우선 코르차키나에게 나는 스스로도 용서할 수 없는 죄 많은 사람이 니까 결혼할 자격이 없다고 말하자. 그런 다음, 어머니의 유산을 모두 농민들에게 나누어 주자. 또 카추샤를 만나서 지난 잘못을 빌고, 그녀에게 도움이 된다면 무슨 일이든 하겠다고 하자. 그래, 필요하다면 결혼해서 지은 죄를 한 가지씩 갚아 나가자!'

네플류도프는 어린 시절처럼 두 손을 가슴에 모으고 위를 쳐다보며 간절하게 기도했다.

'주여! 저를 구하소서. 제게 가르침을 주시옵소서. 제 마음에 깃드시어 모든 더러움을 씻어 주옵소서!'

이렇게 간절히 기도를 하고 있는 사이에 그의 소원은 이미 이루어지고 있었다. 그의 마음속에 깊이 잠들어 있던 신이 눈을 뜨기 시작한 것이다. 그는 그것을 느꼈다. 그리고 자유와 삶의 기쁨을 느꼈다. 뿐만 아니라 그는 악을 물리치는 선의 힘을 느꼈다.

그는 이제 자신이 선한 일을 할 수 있을 것이라는 확신을 가졌다. 그의 두 눈에서는 눈물이 흘러내렸다. 그것은 오랫동안 그의 마음속에 잠들어 있던 정신이 눈뜬 것을 기뻐하는 눈물이었고, 또한 자기 만족의 눈물이었다.

네플류도프는 갑자기 마음이 가벼워지며 기쁨이 용솟음치는 것을 느꼈다. 그는 가벼운 마음으로 창문을 열었다. 달 밝은 고요한 밤이었다. 마차가 바퀴 소리를 내며 지나간 후, 주위는 다시 고요하게 가라앉았다.

온 세상에 맑고 상쾌한 공기가 가득 차 있었다. 네플류도프는 깊은 숨을 들이마셨다.

"어쩌면 이렇게 상쾌할까? 아, 정말 기분 좋다!"

자기도 모르게 입 밖으로 나온 이 소리는 하느님에 대한 감사와 기쁨의 표현이었다.

마슬로바는 저녁 6시가 되어서야 간신히 감옥으로 돌아왔다. 15킬로미터나 되는 자갈길을 걸은데다가 하루 종일 굶고, 또 뜻밖에 무거운 판결을 받았기 때문에 그녀는 몹시 지쳐 있었다.

재판소를 나올 때, 술집 여주인 키타예바가 마슬로바에게 3루블을 전해 주었다. 마슬로바는 매우 기뻐하며 호송병에게 부탁하여 흰 빵과 담배를 손에 넣었다. 소지품 검사에 들키지 않으려고 담배는 흰 빵 속에 감추었다.

요란한 자물쇠 소리와 함께 마슬로바가 감방 안으로 들어서자, 모두

들 그녀를 바라보았다.

"아니, 또 돌아왔군. 그대로 석방되는 줄 알았는데. 아마 시베리아 유형인 모양이군."

아침에 마슬로바를 전송한 콜랴브료바가 뜻밖이라는 듯이 말했다.

망나니 같은 남편을 죽인 죄로 유형 선고를 받은 콜랴브료바는 침상에 걸터앉아 바느질을 하고 있었는데, 안경을 벗고 바느질감을 옆으로 밀어 놓았다. 콜랴브료바는 그 방의 대장으로 몰래 술을 팔고 있었다.

"지금 할머니하고 바로 풀려났을 거라고 얘기하고 있던 참인데. 잘되면 돈도 받아 가지고 나갈 수 있을지 모른다고 말이야. 그런데 이게 웬일이야? 우리 짐작이 빗나간 모양이지?"

콜랴브료바와 나란히 앉아서 바느질을 하고 있던 여자가 부드럽고 다정한 목소리로 물었다.

철도 건널목지기인 그녀는, 기차가 지나갈 때 신호를 하지 않는 바람에 사고가 나서 감옥에 들어왔다.

"정말 유죄 판결을 받은 건가요?"

페도샤가 동정어린 눈으로 마슬로바를 쳐다보며 물었다.

어린아이처럼 푸르고 맑은 그녀의 눈에서는 금방이라도 눈물이 쏟아질 것 같았다. 흰 살결에 앳되고 예쁜 그녀는 살인 미수죄로 시베리아 유형을 선고받았다. 열다섯 살에 부모가 강제로 시집을 보냈는데, 남편이 너무 싫어 죽이려 했다는 것이다. 그러나 재판을 기다리는 동안 남편을 진심으로 사랑하게 되어, 이제는 사이 좋은 부부가 되었다.

마슬로바는 잠자코 자기 자리로 가서 침상에 걸터앉았다.

"아무것도 먹지 못했겠군요."

페도샤가 마슬로바 곁으로 다가오면서 말했다.

그러나 마슬로바는 여전히 입을 다문 채 흰 빵을 베갯머리에 집어던

지고 먼지투성이 옷을 벗었다.

맞은편 침상에서 아이와 장난을 하고 있던 허리 굽은 노파가 마슬로바 곁으로 다가오면서 안됐다는 듯이 혀를 끌끌 찼다. 아이도 노파를 따라와서, 눈을 크게 뜨고 입을 뾰족이 내민 채 마슬로바가 가지고 온 흰 빵을 물끄러미 쳐다보았다.

여러 사람들의 동정어린 시선에 마슬로바는 그만 슬픔이 목까지 치밀었지만, 울지 않으려고 입술을 깨물었다. 그러나 자신을 불쌍하게 여기는 노파의 혀 차는 소리와 흰 빵을 바라보는 아이의 천진한 눈을 보자 더 이상 참을 수가 없었다. 그녀는 몸부림을 치며 엉엉 소리내어 울기 시작했다.

"그래서 내가 유능한 변호사를 사라고 한 거야. 어떻게 됐어? 정말 유형이야?"

콜라브료바가 물었다.

마슬로바는 대답 대신 흐느껴 울면서 빵 안에 든 담뱃갑을 꺼내어 콜라브료바에게 건네주었다.

콜라브료바는 담배 한 대를 뽑아 불을 붙여 마슬로바의 입에 물려 주었다.

"유형이에요."

마슬로바는 굶주린 듯 담배를 빨아 댄 후, 가까스로 말했다.

"나쁜 놈들! 아무 죄도 없는 사람에게 그렇게 엄한 벌을 주다니, 하늘이 무섭지도 않은 모양이지? 대체 몇 년을 받았지?"

콜라브료바가 물었다.

"4년."

대답을 하는 순간, 마슬로바의 눈에서는 다시 굵은 눈물이 뚝뚝 떨어져 물고 있던 담배를 적셨다. 마슬로바는 화가 난 듯 그 담배를 버리고 새 담배를 물었다.

"돈이 없어서 그런 거야. 돈이 많아서 좋은 변호사만 댔더라면 곧 풀려날 수 있었을 텐데."

콜라브료바가 딱하다는 듯이 말했다.

"당신도 정말 운이 없군. 하긴 나도 그렇지만……. 아들은 제 아내를 빼앗긴 채 감옥에 들어가 있고, 나는 이 나이에 여기 들어와 있으니 말이야."

술집에 불을 지른 죄로 들어온 노파가 말했다.

그리고 그녀는 수없이 되풀이한 신세타령을 늘어놓기 시작했다.

"술이나 좀 마셨으면 좋겠어!"

마슬로바가 눈물을 닦으며 말했다.

콜라브료바는 마슬로바에게서 돈을 받고 환기 구멍에 숨겨 둔 술병을 가지고 왔다.

술을 마시고 기운을 차린 마슬로바는 감방 안에 있는 사람들에게 그날 있었던 재판에 대해 자세히 이야기해 주었다.

절 망

다음 날 아침, 침대에서 눈을 뜬 네플류도프는 자기 자신에게 중대한 변화가 일어났음을 느끼고 기분이 몹시 상쾌했다.

'카추샤의 재판은 다시 하도록 하는 거다. 그리고 이제 공작 집안과는 관계를 끊자.'

모든 사실을 밝혀 코르차키나를 실망시키는 것보다는 차라리 관계를 끊는 편이 나을 것 같았다.

'그렇지만 카추샤에게는 모든 사실을 밝히고 용서를 구하자. 그리고

그녀와 결혼하자.'

이렇게 생각한 네플류도프는 마슬로바를 만나러 감옥으로 가기 전에 가정부에게 모든 것을 이야기하고 살림을 정리하려고 마음먹었다.

가정부 아그라페나 페트로브나가 방으로 들어오자, 네플류도프는 스스로도 놀랄 정도로 단호하게 말했다.

"아그라페나 페트로브나, 그 동안 여러 가지로 도와준 데 대해 정말 고맙게 생각하오. 하지만 이제는 이렇게 큰 집도, 많은 하인도 필요가 없게 되었소. 만일 마지막으로 나를 도와주고 싶다면, 집안 살림을 정리해서 어디로 치워 주었으면 좋겠소. 아마 누님이 와서 거들어 줄 거요."

아그라페나 페트로브나는 깜짝 놀라 네플류도프를 바라보았다.

"왜 정리를 하려고 하시죠? 모두 필요한 것뿐인데요."

"아니, 이젠 필요없게 되었소. 그리고 미안하지만, 코르네이에게 두 달치 급료를 주고 이 집을 떠나라고 말해 주지 않겠소?"

"드미트리님, 그러시면 안 됩니다. 외국에라도 가실 모양인데, 그래도 집은 그대로 두셔야지요. 나중엔 결국 필요하게 될 테니까요."

"난 외국에 가려는 게 아니오. 만일 가게 된다 하더라도 전혀 다른 곳으로 가는 거요."

그 말을 하면서 네플류도프는 얼굴을 붉혔다. 그는 적어도 이 가정부에게만은 모든 것을 솔직하게 털어놓는 것이 좋겠다고 생각했다.

"실은 어제 내 신상에 생각지도 못했던 매우 중대한 일이 있어났소. 아그라페나 페트로브나, 당신은 고모님 댁에 있던 마슬로바라는 아가씨를 기억하오?"

"기억하고말고요. 제가 바느질을 가르쳤는걸요."

"어제 그 마슬로바가 재판을 받았는데, 내가 그 배심원의 한 사람으로 참석했소."

"어머나, 그거 정말 안됐군요. 대체 무슨 죄로 재판까지 받았지요?"
아그라페나 페트로브나가 물었다.

"살인죄였소. 원인을 따져 보면 다 내 잘못이지."

네플류도프는 아그라페나 페트로브나에게 처음 마슬로바를 만났던 일부터 죄의식을 느끼고 사죄해야겠다는 마음을 먹은 어제까지의 일을 모두 이야기했다.

"하지만 그런 일이 모두 나리 때문이라고만 할 수는 없어요. 저도 그 애가 길을 잘못 들었다는 소문을 들은 적이 있지만, 그건 누구의 잘못도 아닙니다."

"아니, 그건 모두 나로부터 시작된 거니까 내 잘못이오. 그래서 나는 그녀에게 속죄하고 싶은 거요."

"하지만 다시 전처럼 되돌린다는 건 힘든 일이에요."

"그것이 바로 내가 해결해야 할 문제요. 난 다만 당신이 마음에 걸려서……."

"제 걱정은 하지 않으셔도 돼요. 저는 돌아가신 마님께 태산 같은 은혜를 입었으므로, 더 이상 바랄 것이 없어요. 벌써부터 조카가 오라고 했는데, 제가 필요없으시면 그리로 가겠어요. 하지만 일을 그렇게 쉽게 결정하시면 안 돼요."

"어쨌든 고맙소. 이 집의 처리와 가구 정리나 도와줘요. 그리고 너무 언짢게 생각진 말아요. 당신에게는 진심으로 고맙게 생각하고 있으니까."

이상하게도 네플류도프는 자신이 못된 인간이라는 것을 깨닫고 난 다음부터는 사람을 싫어하는 습성이 사라졌다. 뿐만 아니라, 가정부나 하인들에게까지 존경심이 느껴져 친절을 베풀고 싶어졌다.

마차를 타고 재판소로 가는 동안 네플류도프는 딴 사람처럼 변한 자신에 대해 몹시 놀랐다. 그는 변호사를 만나 이야기를 들은 다음, 감옥으로 가서 마슬로바에게 모든 것을 털어놓고 용서를 구하는 자신을 생각해 보았다. 그러자 뭐라고 말할 수 없는 기쁨과 감격이 솟구쳐 자신도 모르게 눈물을 흘렸다.

재판소에 도착한 네플류도프는 직원을 만나, 어제 선고를 받은 피고를 면회하려면 어떻게 해야 하는지 물었다. 직원은 담당 검사의 허가가 필요하다고 대답했다.

휴식 시간이 되기를 기다려 검사를 만나 허가증을 얻은 네플류도프는 곧장 미결 구치소로 마차를 달리게 했다. 그러나 마슬로바는 그 곳에 없었다. 중한 죄인만 가두는 다른 감옥에 있을 것이라는 소장의 말에, 그는 다시 그 감옥으로 갔다.

어두워져서야 도착한 감옥에는 과연 마슬로바가 있었다. 그러나 검사가 써 준 허가증만으로는 면회를 할 수가 없었다. 소장의 허락 없이는 안 된다는 것이었다.

그런데 소장의 허가를 얻고 보니, 이미 면회 시간이 지나 있었다.

"내일 오십시오. 아침 10시면 면회가 허락됩니다. 일반 면회소에서나, 혹은 소장님의 특별 허가가 있으면 사무실에서도 면회할 수 있습니다."

그리하여 네플류도프는 그 날은 결국 면회를 하지 못한 채 집으로 돌아왔다.

그는 온종일 마슬로바와의 면회를 위해 뛰어다니며 흥분된 마음이 가라앉지 않았다. 그래서 오랫동안 손대지 않았던 일기장을 꺼내어 군데군데 읽어 보고 다음과 같이 썼다.

일기를 쓰지 않은 지 2년이나 되었다. 그렇게 유치한 일은 다시 하지 않으려고 했었다. 그렇지만 이것은 유치한 일이 아니다. 사람마다 그 내부에 들어 있는 진실하고 거룩한 자기와 이야기를 나누는 일이다. 그것이 오랫동안 잠들어 있었으므로, 나는 대화를 나눌 상대가 없었다. 4월 28일 배심원 자격으로 법정에 나갔다가 기묘한 우연에 의해 그 사실을 깨달았다. 나는 배심원석에 앉은 채 죄수복 차림의 마슬로바, 내가 버린 그 여자를 보았다. 그녀는 우리의 실수로 유형 판결을 받았다.

나는 오늘 검사를 찾아가고, 감옥에도 다녀왔다. 비록 면회는 못했지만, 나는 그녀를 만나 내 지난 잘못을 빌고, 결혼을 비롯하여 내 죄를 용서받는 일이라면 무슨 일이든지 하겠다고 결심했다. 주여, 제게 힘을 주시옵소서! 지금 내 마음은 기쁨과 만족감으로 가득 차 있다.

그날 밤, 마슬로바는 늦게까지 잠을 못 이루었다. 자기가 유형 선고를 받았다는 것이 믿어지지 않았다. 여러 가지 생각을 했으나, 네플류도프에 대한 기억은 떠오르지 않았다. 어린 시절의 일, 처녀 시절의 일, 더욱이 네플류도프와의 첫사랑에 대한 것은 단 한 번도 생각해 본 적이 없었다. 그것은 너무도 가슴 아픈 일이었으므로 깊이 묻어 두었던 것이다. 그녀는 꿈에서도 네플류도프를 보지 못했다.

마슬로바가 네플류도프를 맨 마지막으로 보았을 때, 그는 군복 차림에 콧수염을 약간 기르고, 숱이 많은 짧은 곱슬머리를 하고 있었다. 하지만 지금은 턱수염을 기른 점잖은 신사가 되어 있었다.

법정에서 마슬로바가 네플류도프를 알아보지 못한 것은 이렇게 그의 모습이 변한 탓도 있으나, 그보다는 그녀가 한 번도 그를 생각해 본 적이 없었기 때문이다. 그녀는 지난날에 있었던 그와의 모든 추억을 그가 싸움터에서 돌아오는 길에 고모 집에 들르지 않고 그냥 지나쳐 간 그 무섭고 어두운 밤 속에 묻어 버렸다.

그날 밤, 마슬로바는 네플류도프가 틀림없이 자기를 찾아올 것이라 생각하고 기다렸다. 그러나 그날 밤을 끝으로 모든 것이 달라졌다. 태어날 아기도 하나의 방해물일 뿐이었다.

고모들은 네플류도프에게 꼭 들러 주기 바란다는 편지를 썼다. 그는 정해진 날짜까지 상트페테르부르크에 도착해야 하므로 도저히 들를 수 없다는 전보를 보내 왔다.

그 사실을 안 마슬로바는 네플류도프의 얼굴이라도 한 번 보기 위해 역으로 나가 기다리기로 했다. 기차는 새벽 2시에 지나가기로 되어 있었다. 마슬로바는 두 여주인이 잠들기를 기다려, 침모의 딸인 마시카라는 소녀를 데리고 역으로 달려갔다. 빗방울이 섞인 바람이 몰아치는 어두운 가을 밤이었다.

너무 어두워 잘 아는 길인데도 숲 속에서 길을 잃었다. 그 바람에 간신히 역에 도착했을 때는 두 번째 벨이 울리고 있었다. 3분밖에 정차하지 않는 작은 역이었으므로 시간이 없었다.

플랫폼으로 달려올라간 마슬로바는 곧 일등 차량 앞으로 뛰어갔다. 비로드를 씌운 의자에 젊은 장교 둘이 마주 앉아 카드놀이를 하고 있었는데, 그 중 한 사람이 네플류도프였다. 네플류도프는 승마 바지에 하얀 루바시카 차림이었는데, 무엇 때문인지 웃고 있었다. 그를 발견한 마슬로바는 비를 맞아 곱은 손으로 창문을 두드렸다.

그 때 마지막 벨이 울리면서 기차가 천천히 움직이기 시작했다. 네플류도프와 트럼프를 치고 있던 장교가 카드를 손에 쥔 채 일어나서 창문 쪽을 보았다. 마슬로바는 기차를 따라 움직이면서 계속 창문을 두드렸다. 그러나 두 사람 모두 그녀의 모습을 보지 못한 모양이었다.

마슬로바는 창에 얼굴을 가까이 대고 한 번 더 두드렸다. 그제야 그녀를 발견했는지 장교가 창문을 열려고 했다. 창문은 걸려서 잘 열리지 않았다. 비로소 일어선 네플류도프는 그 장교를 밀어 내고 창문을 열려고 했다. 기차의 속도가 차츰 빨라졌다. 마슬로바는 창에서 눈을 떼지 않고 기차를 따라 종종걸음으로 달렸다. 마침내 창문이 열림과 동시에 차장이 그녀를 밀어 내고 트랩에 올랐다.

마슬로바는 단념하지 않고 여전히 플랫폼의 비에 젖은 널빤지 위를 달렸다. 그러는 사이에 일등 차량은 멀어지고, 계속해서 이등 차량, 삼등 차량도 그녀의 곁을 스쳐 지나갔다. 신호등을 단 마지막 차량이 지나갔을 때, 그녀는 울타리를 지나 급수 탱크 앞에까지 가 있었다. 심한 바람에 머릿수건이 날아가고, 치맛자락이 다리를 휘감았다. 그래도 그녀는 계속 앞으로 달렸다.

"머릿수건이 날아갔어요, 언니!"

마슬로바의 뒤를 쫓아오던 소녀가 외쳤다.

마슬로바는 비로소 달리는 것을 멈추었다. 그리고 몸을 돌려 소녀를 꽉 껴안고 울음을 터뜨렸다.

"아아, 가 버렸어! 결국 가 버렸어!"

마슬로바는 그대로 버티고 서 있을 힘조차 없어서 그 자리에 주저앉아 통곡을 했다. 소녀는 깜짝 놀라서 그녀를 일으키려고 했다.

"언니, 울지 말고 그만 집으로 가요."

마슬로바는 울면서 다음 기차에 뛰어들어 죽으려고 결심했다.

'기차 밑으로 뛰어들면 모든 게 끝나겠지.'

그런데 그 때 갑자기 뱃속에서 아기가 꿈틀거렸다. 그 순간, 죽고 싶었던 마음도, 네플류도프에 대한 미움도 스르르 사라져 버렸다.

이윽고 마음이 가라앉은 마슬로바는 눈물을 닦고 일어나 옷 매무새를 고치고, 머릿수건을 찾아 썼다. 그리고 집을 향해 터덜터덜 걷기 시작했다. 마슬로바는 비에 젖은 채 흙투성이가 되어 집으로 돌아왔다.

그 뒤로 그녀는 완전히 달라졌다. 그녀는 그 때부터 아무것도 믿지 않았다. 자기가 사랑했고 또 가장 훌륭하다고 생각한 그는 그녀를 농락하고 버렸다. 다른 사람들도 마찬가지였다. 모두들 자기 자신을 위해, 자기 즐거움만을 위해 살고 있었다.

'이제부터 나도 내 마음대로 할 거야. 마음이 울적해지면 담배를 피우거나 술을 마시고 재미있게 놀아야지. 그러면 괴로움도 슬픔도 모두 날아가 버릴 거야.'

면회실에서

네플류도프는 아침 일찍 집을 나섰다.

골목길은 가까운 마을에서 싣고 온 우유를 팔러 다니는 농부들의 고함 소리로 시끄러웠다. 어젯밤 처음으로 내린 포근한 봄비로 풀이 파릇파릇 싹트기 시작하고, 벚나무와 포플러 나무는 그 윤기 흐르는 잎사귀를 벌리고 있었다. 가로수가 늘어선 길과 방금 파래지기 시작한 잔디밭에서는 아이들과 개가 장난을 치며 뛰어다니고 있었고, 유모들은 그 옆의 의자에 앉아서 즐겁게 이야기를 나누고 있었다.

교회의 종소리가 사방에서 울려 퍼지고 있는 가운데 말쑥하게 차려입은 사람들이 제각기 자기들이 다니는 교회로 발걸음을 옮겼다.

네플류도프를 태운 마차는 감옥으로 가는 길모퉁이에서 멈추었다. 돌로 된 감옥 앞에는 총을 어깨에 멘 군인이 왔다갔다하면서 면회하러 온 사람들의 접근을 막고 있었다.

그들로부터 조금 떨어진 벤치에 노란 금테를 두른 제복 차림의 간수가 장부를 펴놓고 앉아 있었다. 그는 면회를 원하는 사람들의 이름을 적고 있었다. 네플류도프도 그에게 가서 마슬로바의 이름을 대고 기다렸다. 한참을 기다려도 이름을 부르지 않자, 네플류도프가 간수에게 물었다.

"면회하려면 얼마나 더 기다려야 합니까?"

"지금 예배 중인데, 거의 끝났으니까 곧 들어갈 수 있을 겁니다."

네플류도프는 다시 면회를 기다리고 있는 사람들 쪽으로 다가갔다. 몇몇을 제외하고는 대부분 초라한 옷차림을 하고 있었다.

그 중 한 대학생이 그에게로 다가와 어떻게 하면 가지고 온 빵을 전할 수 있느냐고 물었다.

"나도 처음이라서 잘 모르겠소."

이윽고 감옥의 육중한 철문이 열리며 군복 차림의 장교가 다른 간수를 데리고 나왔다. 명부를 손에 든 간수가 면회인들에게 이제 들어가도 좋다고 말했다. 그러자 사람들은 앞을 다투어 안으로 밀려들어갔다. 안에서 나온 간수가 문 앞에 선 채 안으로 들어가는 사람들의 수를 세고 있었다. 그것은 면회인이 감옥에 남거나, 죄수가 섞여 도망가지 못하게 하기 위해서였다. 네플류도프도 재빨리 그들을 따라 안으로 들어섰다.

맨 첫 번째 방은 철창으로 막은 창문이 여러 개 달려 있는, 천장이 둥글고 큰 방이었다. 그 방에서 네플류도프는 움푹 들어간 벽에 십자가에 못박힌 그리스도상이 걸려 있는 것을 보았다.

'그리스도상과 갇혀 있는 사람들과는 어떤 관계가 있을까?'

네플류도프는 그런 생각을 하면서 바쁘게 걸어가는 면회인들의 뒤를 따라갔다.

첫 번째 방을 나올 때 간수가 무엇이라고 외쳤으나, 생각에 잠겨 있던 네플류도프는 그 말을 귀담아 듣지 않았다. 그러나 그는 곧 그게 무슨 말이었는지 깨달았다, 그는 남죄수 면회실에 들어와 있었던 것이다.

네플류도프는 귀가 멍멍해질 정도로 소란스러운 소리에 깜짝 놀랐다. 수백 명의 고함 소리가 하나로 뭉쳐 고막이 터질 듯한 소음이 되었던 것이다. 면회인들은 모두 방 한가운데에 설치된 철망에 매달려 있었다. 이중으로 된 그 철망과 철망 사이는 약 2미터 정도로, 그것이 면회인과 죄수 사이를 갈라놓고 있었다. 면회인들이 죄수에게 물건을 건네는 것은 물론이고 눈이 나쁜 사람은 상대방의 얼굴조차 똑똑히 볼 수가 없었다. 그러니 이야기를 하는 것도 쉽지 않은 노릇이라서, 상대방이 알아듣게 하자면 그렇게 고함을 지를 수밖에 없었던 것이다.

사람들은 철망 양쪽에 바싹 얼굴을 댄 채 제각기 고함을 질러 대고 있었는데, 그 바람에 방해가 되어 아무도 상대편의 말을 제대로 알아들을 수가 없었다.

네플류도프는 이런 면회 방법을 마련하고 또 실시하는 사람들에 대해 슬며시 화가 치밀었다. 그러나 간수도, 소장도, 면회인들도, 죄수들도 그것을 당연한 일로 생각하고 있는 것 같았다.

아무튼 마슬로바를 만나야 했다. 방 안을 둘러보니, 턱수염을 기르고, 작은 키에 몸이 마른 장교가 눈에 띄었다. 네플류도프는 그에게 다가가 물었다.

"여죄수들은 어디서 면회를 합니까?"

"그럼 여기 들어올 때 그렇게 말씀해 주셨어야지요. 면회할 사람이 누굽니까?"

"예카테리나 마슬로바입니다."

네플류도프는 혹시라도 그의 기분을 상하게 하지 않으려고 조심스럽게 대답했다.

장교는 누군가를 부르더니, 그를 여죄수 면회실로 안내하라고 일렀다. 남죄수 면회실에서 복도로 나가 반대쪽 문을 열고 들어가니 여죄수 면회실이었다.

여죄수 면회실은 남죄수 면회실보다는 좁았는데, 역시 이중 철망으로 칸막이가 되어 있었으며 떠들썩한 분위기도 마찬가지였다. 간수가 철망과 철망 사이를 왔다갔다하고 있는 것도 같았다.

그 곳의 감독은 여간수였다. 그녀는 금테를 두른 제복에 남자 간수처럼 허리에 혁대를 차고 거들먹거리며 걷고 있었다.

잠시 기다리고 있으려니, 옆문이 열리며 마슬로바가 나타났다. 그녀는 법정에서 보았던 죄수복이 아니라 흰 스웨터를 입고 있었는데, 허리를 졸라매어 가슴이 더욱 불룩해 보였다. 머릿수건 밑으로는 법정에서처럼 물결치는 검은 머리가 흘러내려 있었다.

마슬로바는 철망 앞으로 다가오더니 걸음을 멈추었다. 네플류도프는 갑자기 심장이 뛰고 숨이 막히는 것 같았다.

네플류도프는 마슬로바를 뭐라고 불러야 할지 망설이며 그녀가 다가오기를 기다렸다. 그러나 그녀는 다가오지 않고 동료 죄수 페도샤가 남편과 이야기하는 것을 바라보며 웃고 있었다. 그녀는 친구 클라라가 면회 온 줄 알고 기다리고 있었던 것이다.

"누구를 만나러 오셨지요?"

철망 사이의 통로를 왔다갔다하고 있던 여간수가 네플류도프에게 다가오면서 물었다.

"예카테리나 마슬로바입니다."

네플류도프는 약간 더듬거리며 말했다.

"마슬로바, 면회야!"

여간수가 마슬로바를 향해 크게 소리쳤다.

마슬로바가 이쪽을 보았다. 그녀는 서두르는 기색도 없이 머리를 젖히고 가슴을 내미는 듯한 자세로 걸어왔다. 그리고 두 여죄수 사이에 끼여들어 이상하다는 듯이 네플류도프를 쳐다보았다.

"저를 만나러 온 사람이 당신인가요?"

마슬로바는 철창에 얼굴을 갖다 대며 물었다.

"당신을 만나고 싶었소……. 나는……."

네플류도프는 '너'라고 해야 할지 '당신'이라고 해야 할지 망설이다가 결국 당신이라고 불렀다. 그러나 옆사람들의 고함 소리에 방해가 되어 마슬로바는 무슨 말인지 알아들을 수가 없었다.

"잔소리 말고 솔직히 말해! 훔쳤다는 거야, 안 훔쳤다는 거야?"

네플류도프 곁에 서 있던 낡은 옷을 입은 사나이가 소리쳤다.

"죽을 지경인데 무슨 말을 하라는 거야?"

철망 저쪽에서 한 여죄수가 소리쳤다.

네플류도프의 말을 알아들을 수는 없었으나, 마슬로바는 말할 때의 표정으로 문득 그가 누구인지 생각났다. 그녀의 얼굴에서 웃음기가 사라졌다.

"안 들려요, 무슨 말씀이신지."

마슬로바가 얼굴을 찡그리며 말했다.

"내가 여기 온 것은……."

그 순간, 네플류도프의 머릿속에 '나는 지금 참회하고 있는 거다.'하는 생각이 스치고 지나갔다. 그러자 눈물이 왈칵 솟아오르고 목이 메어 더 이상 말을 계속할 수 없었다. 네플류도프는 철망을 쥐고 있던 손에 힘을 주었다.

"어디서 만난 것 같기는 하지만, 누구신지는 잘 모르겠는데요."

마슬로바가 얼굴을 붉히며 말했다.

"나는 당신에게 용서를 빌러 왔소!"

네플류도프는 큰 소리로 외쳤다.

그러나 그 말은 주위의 고함 소리에 묻혀 버렸다.

"나를 용서해 주오. 나는 정……."

네플류도프가 다시 외쳤다.

마슬로바는 가만히 선 채 약간 사시인 듯한 눈으로 그를 바라보았다. 그는 더 이상 말을 할 수가 없었다. 가슴 밑바닥에서 통곡이 터져 올라왔다. 그는 그것을 억누르려고 철망에서 조금 물러섰다.

그러자 네플류도프를 여죄수 면회실로 안내한 사람이 왜 이야기를 하지 않느냐고 물었다. 네플류도프는 코를 풀고 나서 차분하게 말했다.

"너무 시끄러워서 아무 말도 들리지 않는군요. 철망 너머로는 이야기를 할 수가 없습니다."

"그것 참……. 그렇다면 잠깐 이리로 불러 드릴까요?"

그는 고맙게도 여간수를 시켜 마슬로바를 불러 냈다.

마슬로바는 옆문으로 나와 네플류도프의 곁으로 다가왔다. 법정에서 볼 때와 마찬가지로 얼굴이 약간 부은 듯했지만, 아름답고 침착해 보였다. 네플류도프는 벽 쪽에 있는 테이블로 가서 앉았다. 마슬로바는 잠자코 그 뒤를 따라갔다.

"사실 나는 당신에게 용서를 빌 자격도 없는 사람이오. 하지만 이미 지난 일은 어쩔 수 없고, 대신 앞으로는 당신을 위해 무슨 일이든 다 하겠소. 그래서……."

네플류도프는 목이 메어 말을 잇지 못했다.

"제가 여기 있는 줄 어떻게 아셨어요?"

마슬로바가 물었다.

"그저께 열렸던 당신 재판 때 배심원으로 나갔었소. 나를 알아보지

못했소?"

"몰랐어요. 그럴 여유도 없었고, 또 보려고도 하지 않았으니까요."

"아이를 낳았다고 하던데……."

그 말을 하며 네플류도프는 얼굴이 빨개졌다.

"네, 그런데 다행히도 곧 죽었어요."

마슬로바는 얼굴을 옆으로 돌리며 쌀쌀하게 말했다.

"어쩌다가 그렇게 됐소?"

"제가 병이 드는 바람에……."

"그런데 고모들은 왜 당신을 내보냈소?"

"누가 아이 밴 하녀를 집에 두겠어요? 그 얘긴 이제 모두 잊었으니 더 이상 말하지 마세요. 옛날에 다 끝난 일이에요."

"아니, 끝난 게 아니오. 나는 지금부터라도 당신에게 용서를 빌고 싶소. 이대로 그냥 내버려 둘 순 없소."

"이제 와서 용서라니, 그러실 필요 없어요. 그건 다 지나가 버린 옛 일인걸요."

마슬로바는 이렇게 말하면서 유혹적인 미소를 지어 보여 네플류도프를 당황하게 했다.

마슬로바는 그를 이런 곳에서 만나리라고는 꿈에도 생각지 못했다. 그래서 처음 본 순간 무척 놀랐다. 이 뜻하지 않은 만남은 그녀에게 오랫동안 잊고 지내던 일을 생각나게 해 주었다. 처음에 그녀는, 그를 만나 사랑을 주고받던 아름다운 일들을 생각했다. 하지만 곧 그 아름다운 일들 이후에 겪은 말할 수 없이 슬프고 고통스러웠던 일들이 생각났다.

그녀는 지금 자신의 눈앞에 앉아 있는 턱수염을 기르고 점잖은 옷차림을 한 남자와 지난날 자기가 사랑했던 청년을 연결시켜서 생각했다. 그러나 그것은 너무 고통스러운 일이었으므로, 그녀는 두 사람을 서로 다른 인물로 생각하기로 했다. 그녀의 눈에 비친 네플류도프는, 필요하면 자기와 같은 사람을 이용하고, 때로는 자기와 같은 사람의 이용물이 되어 주는 그런 남자 중의 하나였다.

그녀는 속으로 그를 어떻게 이용할까 궁리하면서 유혹적인 미소를 그에게 던졌던 것이다.

"이미 다 끝난 일이에요. 저는 시베리아 유형 선고를 받았거든요."

그 말을 할 때 마슬로바의 입술이 가늘게 떨렸다.

"알고 있소. 그리고 당신에게 죄가 없다는 것도 알고 있소."

"물론 전 아무 죄도 없어요. 돈이나 반지를 훔치지도 않았고, 사람을 죽이지도 않았어요. 모든 것이 다 변호사 때문이라고 하더군요. 상고를 하라고들 하는데, 아무래도 돈이 많이 들 거예요."

"그렇소, 상고를 해야 하오. 그래서 내가 이미 변호사에게 부탁해 두었소."

"돈을 아끼지 말고 훌륭한 변호사에게 부탁해야 한대요."

"그건 걱정하지 않아도 되오. 내가 할 수 있는 일은 다 할 테니까."

잠시 침묵이 흘렀다. 마슬로바는 네플류도프를 쳐다보며 조금 전처럼 묘한 미소를 지어 보였다. 그러더니 불쑥 말했다.

"부탁이 있는데…… 돈을 좀 주시겠어요?"

네플류도프는 당혹스러움을 감추며 얼른 주머니에서 지갑을 꺼냈다. 10루블짜리 지폐를 꺼내기는 했으나 그것을 마슬로바에게 건네주지는 못했다. 감방 안을 왔다갔다하는 장교 때문이었다.

"저 사람에게 들키면 빼앗겨요."

네플류도프는 지폐를 손 안에 꽉 움켜쥐었다. 그는 지난날 자기가 사랑했던 그 순진한 카추샤와, 약삭빠른 눈으로 장교와 돈을 쥐고 있는 자기 손을 번갈아 바라보는 마슬로바의 초라하고 부은 얼굴을 비교해 보았다.

'옛날의 카추샤는 이미 죽어 버렸어! 이런 여자를 상대로 모든 것을 바쳐 속죄를 하느니, 차라리 가진 돈을 다 주고 깨끗이 인연을 끊는 게 낫지 않을까?'

그러나 그는 곧 그와 같은 유혹을 뿌리치고 단호한 목소리로 말했다.

"카추샤, 나는 당신에게 용서를 받고 싶소. 당신은 아직 용서를 했다든지, 용서해 주겠다든지 하는 말을 한 마디도 하지 않는구려."

그러나 마슬로바는 네플류도프의 말에는 귀를 기울이지 않았다. 그의 손에 있는 돈과 장교를 번갈아 살피면서 돈을 건네받을 기회만 노리고 있었다.

이윽고 장교가 반대쪽으로 돌아서자, 그녀는 재빨리 손을 뻗어 돈을 낚아채더니 그것을 허리띠 사이에 감추었다.

"당신은 계속 이상한 말씀만 하시네요."

그녀가 웃으며 말했다.

네플류도프에게는 그 말이 조롱하는 것처럼 들렸다. 그는 미간을 찌푸리며 생각했다.

'카추샤는 나를 밀어 내고 있구나. 용서할 생각이 없는 거야.'

그러나 네플류도프의 마음은 한층 더 그녀 쪽으로 다가갔다. 그는 더욱 노력하여 그녀의 마음을 돌이킬 수 있도록 해야겠다고 결심했다. 그가 자기를 위해 바라는 것은 없었다. 다만 그녀가 옛날의 순진하고 귀여운 카추샤로 돌아가기를 간절히 바랄 뿐이었다.

"카추샤, 왜 그런 말을 하오? 난 고모 댁에 있던 순수한 당신을 아직도 기억하고 있소⋯⋯."

"지나간 일을 이야기해 보았자 아무 소용 없어요."

그녀는 냉담하게 말했다.

"내가 지나간 일에 대해 말하는 것은 내 죄를 용서받고 싶어서요."

네플류도프는 이어서 그녀와 결혼할 생각이라는 말을 하려고 했으나, 그녀의 냉담한 시선과 부딪치자 그 말이 쑥 들어가 버렸다.

면회 온 사람들이 돌아가기 시작했다. 조금 전의 장교가 네플류도프에게 다가와 면회 시간이 끝났다는 것을 알려 주었다. 마슬로바는 기다렸다는 듯 자리에서 일어났다.

"당신에게 아직 하고 싶은 이야기가 남아 있는데, 오늘은 시간이 다 됐구려. 몸조심하시오. 다시 오겠소."

네플류도프는 마슬로바에게 손을 내밀었다.

"할 말은 다 한 것 같은데요."

그녀도 손을 내밀었지만, 네플류도프의 손을 잡으려 하지는 않았다.

"아니, 중요한 이야기가 남았소."

"아, 그러세요? 그러면 다시 오세요."

그녀는 다른 남자들에게 하던 것처럼 교활한 미소를 지었다.

"당신은 내게 누이보다 더 가까운 사람이오."

네플류도프는 고백하듯 말했다.

"아, 그러세요?"

마슬로바는 다시 한 번 같은 말을 하고는 고개를 갸우뚱하며 철망 뒤로 사라졌다.

두 번째 면회

네플류도프는 마슬로바를 면회하면서, 자신이 참회를 하고 그녀를 위해 있는 힘을 다하면, 그녀가 감동하여 자기 죄를 용서해 주고 곧 옛날의 마슬로바로 되돌아가리라 기대했었다. 그러나 옛날의 순수했던 마슬로바는 이미 없어지고, 지금은 오직 타락한 여자가 있을 뿐이었다.

그 사실은 네플류도프를 몹시 당황하게 만들었다. 그러나 그는 처음에 생각한 대로 밀고 나가기로 결심했다. 마슬로바가 어떤 태도를 보이거나 그녀가 풀려날 수 있도록 노력하고, 그 다음엔 결혼을 해야겠다고 생각한 것이다.

네플류도프는 집을 세놓고 하숙으로 옮기려고 했다. 그러나 아그라페나 페트로브나가 여름에는 세들 사람을 구하기도 힘들고, 또 어디 가서 살든지 가구들은 필요하다고 반대를 하는 바람에, 지금까지의 생활 태도를 바꾸려던 그의 계획은 틀어지고 말았다. 그래서 풀려나든 시베리아로 가든 마슬로바의 문제가 해결될 때까지는 당분간 그대로 있기로 했다.

변호사 파나린과 약속한 날, 네플류도프는 그의 집으로 찾아갔다. 정원에는 큰 나무들이 서 있고, 창문마다 화려한 커튼이 쳐져 있었다. 집 안에는 벼락부자 취향의 값비싼 가구가 꽉 들어차 있었다.

응접실에는 이미 많은 의뢰인들이 와 있었다. 그들은 자기 차례를 기다리고 있었는데, 그 표정이 마치 병원 대기실에서 의사가 부르기를 기다리고 있는 환자들처럼 침통했다.

네플류도프를 본 변호사의 서기는 얼른 다가와 공손하게 인사를 했다. 그리고 곧 변호사에게 전하겠다고 말했다. 그런데 그 때 사무실 문이 열리며 파나린이 손님을 배웅하러 나왔다.

"아, 네플류도프 백작님!"

파나린은 반갑게 인사를 하며 호화롭게 꾸며진 사무실로 네플류도프를 안내했다.

"마슬로바 사건에 대한 기록을 잘 읽고 상세히 검토해 보았습니다. 그런데 변호사가 시원치 않아서 상고 이유를 다 놓치고 말았더군요."

파나린은 자리에 앉자마자 본론으로 들어갔다.

"그럼 어떻게 해야 됩니까?"

네플류도프가 물었다.

"재판에 참가한 모든 사람이 실수를 저질렀다고나 할까요? 이렇게 된 이상, 일단 상고는 해 봐야지요. 여기 서류를 만들어 놓았습니다."

파나린은 어려운 법률 용어투성이인 긴 상소장을 읽어 주었다.

파나린이 상소장을 다 읽자, 네플류도프가 물었다.

"대심원이 지방 재판소가 범한 잘못을 수정해 줄까요?"

"그건 누가 심리를 맡아 보느냐에 달려 있죠. 솔직히 말하자면 성공할 가능성은 별로 없습니다. 하지만 대심원에 아는 사람이 있으면 도움이 될 겁니다."

"아는 사람이 좀 있긴 합니다만……."

"그렇다면 서두르시는 게 좋습니다. 이제 곧 모두 피서를 떠날 테니까요. 그러면 3개월은 기다려야 합니다. 만일 대심원에서 잘 안 될 경우에는 최후의 수단으로 황제 폐하에게 청원할 수도 있습니다. 그때는 다시 도와드리죠."

"감사합니다. 그런데 사례는……."

"서기가 상소장을 작성해 드리면서 말씀드릴 겁니다."

"일반 면회일 외의 다른 날에 죄수를 면회하려면 지사의 특별 허가가 있어야 한다던데, 그 말이 맞습니까?"

"그렇습니다. 그런데 지금 지사는 자리에 없고 부지사가 대신 일을 보고 있습니다."

"부지사라면 마슬레니코프 말씀인가요?"

"그렇습니다. 아시는 분입니까?"

"네, 아는 사이입니다."

네플류도프는 인사를 하고 사무실에서 나왔다.

"우리 변호사님은 보통 이런 사건은 취급하시지 않지만, 백작님을 위해 특별히 접수한 겁니다. 수수료는 1천 루블입니다."

서기가 네플류도프에게 상소장을 건네주며 말했다.

"그런데 이 상소장에는 누가 서명을 해야 하죠?"

네플류도프가 물었다.

"피고 자신이 해야 원칙이지만, 곤란할 경우엔 본인의 위임을 받아 우리 변호사님이 해도 됩니다."

네플류도프는 정해진 면회일이 아닌 날에 마슬로바를 만날 수 있는 기회가 생긴 것을 기뻐하며 파나린의 집을 나왔다.

다음 날, 네플류도프는 마슬로바를 만나기 위해 감옥으로 갔다.

마슬로바가 간수의 안내를 받아 사무실로 들어왔다. 그녀는 간수 뒤를 따라 들어오면서 생글생글 웃고 있었다.

"안녕하셨어요?"

그녀는 밝은 표정으로 인사를 하며 지난번과는 달리 네플류도프의 손을 힘있게 잡았다.

"상소장에 당신의 서명을 받으러 왔소. 변호사가 서류를 만들었는데, 피고의 서명이 필요해서……. 이건 곧 상트페테르부르크로 보낼 거요."

네플류도프는 그녀의 거침없는 태도에 놀라면서 말했다.

"좋아요, 서명해 드리지요. 무엇이든 하겠어요."

마슬로바는 테이블로 다가와 서툴게 펜을 잡더니, 네플류도프를 돌아보며 웃었다.

그가 어디에 서명을 해야 하는지 가르쳐 주자, 그녀는 조심스럽게 펜을 잉크에 적셔 자기 이름을 적었다.

"이제 다 된 건가요?"

"당신에게 할 이야기가 있소."

그녀에게서 펜을 받아 제자리에 놓으며 네플류도프가 말했다.

"좋아요, 무슨 말씀인지 해 보세요."

그러나 선선한 대답과는 달리 마슬로바의 표정은 갑자기 굳어졌다.

마슬로바를 데리고 왔던 간수는 테이블에서 약간 떨어진 창가에 앉아 있었다.

네플류도프는 지난번에 하지 못했던 결혼 이야기를 오늘은 반드시 해야겠다고 생각했다. 방 안이 밝아 네플류도프는 마주 앉아 있는 그녀를 가까운 거리에서 똑똑히 볼 수 있었다. 얼굴이 약간 부은데다 잔주름이 생겨 측은한 생각이 들었다.

"만일 이 상소가 잘 안 될 경우에는 황제에게 청원할 생각이오. 당신을 위해 내가 할 수 있는 일은 다하고 싶소."

간수에게 들리지 않도록 마슬로바 쪽으로 몸을 기울이며 네플류도프가 말했다.

"변호사를 잘 만났어야 했는데……. 진작 제가 백작님하고 아는 사이라는 것을 알았으면 일이 이렇게까지 되지는 않았을 거예요."

오늘은 어쩐지 이상하다는 생각을 하고 있을 때 마슬로바가 말을 이었다.

"한 가지 부탁이 있어요. 저와 같은 방에 할머니 한 분이 계세요. 정말 착한 할머닌데, 아무 죄도 없이 그 아들과 함께 방화범으로 몰려서 들어왔어요. 제가 백작님과 아는 사이라는 것을 알고, 그 할머니가 아들을 한번 만나 이야기를 들어주셨으면 하고 부탁을 하셨어요. 아들 이름은 메니쇼프예요."

미소를 지으며 바라보다가 눈이 마주치자, 그녀는 얼른 눈을 내리깔았다.

"알았소. 내가 만나 보고 힘껏 알아보겠소. 그보다 먼젓번에 내가 당신한테 했던 말을 기억하오?"

"글쎄요……. 무슨 얘기죠?"

그녀는 여전히 미소를 지으며 고개를 갸웃거렸다.

"나는 당신에게 속죄하고 싶소. 말뿐 아니라 실제 행동으로……. 난 당신과 결혼할 생각이오."

순간, 마슬로바의 얼굴이 굳어졌다. 약간 사시인 듯한 까만 눈이 깜박거리지도 않았다. 깜짝 놀란 것 같았다.

"지금 와서 그럴 필요가 있나요?"

그녀는 화가 난 듯 얼굴을 찡그리며 물었다.

"하느님에게 용서를 비는 뜻에서 그렇게 해야 되겠다고 생각했소."

"어머, 하느님이라뇨? 이제 와서 무슨 하느님을 찾으세요? 하느님은 그렇게 함부로 입에 올리는 게 아니에요!"

네플류도프는 그제야 비로소 마슬로바에게서 술냄새가 나는 것을 알아차렸다. 그녀는 네플류도프가 준 돈으로 날마다 콜라브료바에게서 술을 사서 마시고 있었던 것이다.

"좀 진정하구려."

"진정하라고요? 제가 취한 줄 아세요? 그래요, 취했어요. 하지만 제가 하는 말은 분명히 다 알고 있어요. 저는 시베리아로 유형 가는 죄수에다 천한 직업을 가진 여자예요. 당신은 지주이고, 귀하신 백작님이시고요. 이제 나 같은 여자의 일은 더 이상 생각하지 마시고 공작 아가씨에게나 가 보세요!"

마슬로바는 갑자기 몸을 부르르 떨며 소리치더니 얼굴이 새빨개졌다.

"당신이 아무리 심한 말을 해도 좋소. 지금 내 마음을 알 턱이 없으니까. 당신은 내가 얼마나 깊이 뉘우치고 있는지 상상도 못할 거요."

네플류도프 역시 몸을 떨며 중얼거리듯 말했다.

"이제 와서 뉘우친다고요? 우스워요. 전엔 아무 거리낌 없이 내 손에 돈을 쥐여 주고 떠나시더니……."

"미안하오, 카추샤. 내가 잘못했소. 하지만 지난 일을 돌이킬 수는 없잖소. 대신 이번에는 결코 당신을 떠나지 않을 거요. 이 말은 반드시 실행할 거야."

"어림없는 소리 마세요! 절대로 그렇게 못하실걸요!"

그러면서 그녀는 조롱하듯 큰 소리로 웃었다.

"카추샤!"

네플류도프는 당황하여 그녀의 손을 잡으려고 했다.

"건드리지 마세요! 그리고 얼른 가세요. 저는 죄수고 당신은 지체 높은 백작님이세요. 당신 같은 분이 이런 데 무슨 볼일이 있으신 거죠?"

그녀는 가슴속에 있는 것을 다 털어놓으려는 듯이 말을 이었다.

"당신은 이 세상에선 나를 농락하고, 저 세상에 가서는 나를 구실로 구원받으려는 거죠? 꼴도 보기 싫으니 돌아가세요. 그 밉살스러운 얼굴도, 안경도 모두 보기 싫어요! 가세요, 빨리 꺼져요!"

마슬로바는 자리를 박차고 일어나 소리쳤다.

그 바람에 놀란 간수가 다가왔다.

"왜 이렇게 떠들어! 제 분수도 모르고……."

간수가 마슬로바에게 말했다.

"괜찮소. 그냥 내버려 두시오."

네플류도프의 말에 간수는 다시 창 쪽으로 돌아갔다.

마슬로바는 다시 의자에 앉아 고개를 숙인 채 시선을 내리깔고 있었다. 네플류도프는 어쩔 줄 몰라 우두커니 서 있었다.

"당신은 나를 믿지 못하는 모양이군."

네플류도프는 한숨을 내쉬었다.

"저와 결혼하겠다는 이야기는 다시 꺼내지 마세요. 그런 말을 믿느니 차라리 목을 매어 죽어 버리겠어요. 이제 그만 돌아가 주세요."

"무슨 말을 하든 나는 당신을 위해서 힘쓰겠소."

"마음대로 하세요. 하지만 저는 당신에게 아무것도 바라지 않아요."

마슬로바는 단호하게 말했다.

그러나 그녀는 곧 흐느껴 울기 시작했다.

"아아, 나는 왜 그 때 죽어 버리지 않았을까!"

그 눈물은 네플류도프의 마음속으로 스며드는 듯했다.

얼마 후 마슬로바는 얼굴을 들어 네플류도프를 바라보더니, 깜짝 놀란 듯 얼룩진 뺨을 머릿수건 끝으로 닦았다.

이 때, 간수가 다시 다가와서 시간이 다 되었다고 알려 주었다. 마슬로바는 일어섰다.

"당신은 지금 몹시 흥분하고 있소. 내일 다시 오겠소. 잘 생각해 보도록 해요."

마슬로바는 아무 대답도 하지 않고, 그를 쳐다보려고도 하지 않고 간수의 뒤를 따라 밖으로 나갔다.

감방 안 사람들

"그 남자가 네게 푹 빠진 모양이지? 현명하게 처신 잘 해야 해. 돈 많은 사람들은 못할 일이 없으니까, 풀려나게 해 줄지도 몰라."

콜라브료바가 감방 안으로 돌아온 마슬로바를 맞으며 말했다.

"그래, 그분에게 내 이야기 좀 해 봤어?"

방화죄로 들어온 노파가 물었다.

그러나 마슬로바는 잠자코 자기 침상에 눕더니, 해가 질 무렵까지 꼼짝도 하지 않고 방 한구석을 바라보고 있었다.

"그래, 나는 이런 대우를 받아 마땅해."

감옥을 나서면서 네플류도프가 중얼거렸다. 이제야 비로소 자기의 모든 죄가 뼈저리게 뉘우쳐졌다.

그 때, 한 간수가 그에게 다가오더니 슬쩍 편지를 건네주었다.

"저는 정치범 담당 간수인데, 어떤 여자가 선생님께 전해 달라고 했습니다. 물론 규칙에 어긋나는 일이지만, 인정상……."

네플류도프는 재빨리 편지를 받아 들고 밖에 나가 뜯어 보았다.

　　백작님이 어떤 여죄수 일로 감옥에 자주 오신다는 말을 들었습니다. 꼭 한번 만나 뵙고 싶으니, 부디 면회를 와 주십시오. 백작님이 만나러 오시는 여죄수에게도 도움이 되는 일을 알려 드리겠습니다.

　　　　　백작님께 늘 감사하고 있는 베라 보고두호프스카야 올림

연필로 휘갈겨 쓴 그 편지를 보며, 네플류도프는 베라 보고두호프스카야라는 여자를 곧 생각해 냈다.

그녀는 언젠가 네플류도프가 친구들과 함께 곰 사냥을 하러 갔다가 만난 시골 학교 선생이었다. 그 때 그녀는 네플류도프를 찾아와서 대학에 가고 싶다면서 학비를 보태 달라고 청했다.

"졸업하면 꼭 갚아 드릴게요. 제게 필요한 돈은 80루블인데, 내키지

않으시면 도와주지 않으셔도 괜찮습니다."

"무슨 말씀을…… 이런 기회를 주셔서 감사합니다."

네플류도프는 친구들이 비웃는 것을 모른 체하고 그 여선생에게 돈을 주었다. 그리고 그 일은 까마득히 잊고 있었다.

네플류도프는 베라 보고두호프스카야를 만나 보아야겠다고 생각했다.

다음 날 아침, 잠이 깬 네플류도프는 어제의 일을 떠올렸다. 힘들고 점점 자신이 없어져 가지만, 일단 시작한 일이니 어떤 일이 있어도 끝까지 해내야겠다고 굳게 결심했다.

네플류도프는 우선 부지사 마슬레니코프를 찾아갔다. 마슬로바와의 면회 허가 외에 마슬로바가 부탁했던 메니쇼프, 베라 보고두호프스카야의 면회 허가도 얻기 위해서였다.

마슬레니코프는 네플류도프의 군대 시절 친구로, 서글서글한 성품에 성실하고 일을 추진하는 능력이 뛰어난 장교였다. 돈 많은 집 딸을 아내로 맞이하더니 제대를 하고, 지금은 부지사가 되어 있었다.

마슬레니코프는 네플류도프를 반갑게 맞아 주었다.

네플류도프의 부탁에 마슬레니코프는 선선히 고개를 끄덕였다.

"어떤 죄수나 자유롭게 면회할 수 있는 허가증을 내주지. 자네가 그 걸 나쁜 데 쓰진 않을 테니까."

면회 허가증을 받아 가지고 마슬레니코프의 집을 나온 네플류도프는 곧 감옥으로 향했다. 그러나 소장은 마슬로바와의 면회를 허가하지 않았다. 네플류도프가 준 돈으로 술을 사서 마시고 취해서 난동을 부리는 바람에 독방에 가두어 놓았다는 것이다.

"정치범 베라 보고두호프스카야는 만날 수 있습니까?"

"네, 불러 드리죠. 하지만 그 죄수는 높은 건물 쪽에 있어 여기까지 오려면 다소 시간이 걸립니다."

"그럼 그 사이에 메니쇼프라는 죄수를 만나게 해 주십시오. 방화 혐의로 어머니와 함께 들어와 있다는 말을 들었습니다."

"불러 드리겠습니다."

"아니, 감방에 가서 만나고 싶은데요."

"면회실 쪽이 조용해서 이야기하기가 나을 텐데……."

"한번 보고 싶어서 그럽니다."

"이상한 데 관심이 있으시군요."

그 때 부소장이 옆문으로 들어왔다.

"마침 잘 왔군. 백작님이 메니쇼프를 만나고 싶어하시는데, 감방까지 안내해 드리게. 그 동안 아까 말씀하신 죄수를 불러 두겠습니다."

부소장은 네플류도프를 고약한 냄새가 나는 어둡고 침침한 복도로 안내했다. 복도 양쪽에는 자물쇠가 걸린 문들이 죽 늘어서 있었다.

"메니쇼프는 어느 방에 있나?"

부소장이 복도에 있는 늙은 간수에게 물었다.

"왼쪽 여덟 번째 방입니다."

간수는 그 방 앞으로 가서 문을 열었다.

네플류도프가 부소장과 함께 안으로 들어서자, 건장한 젊은이가 깜짝 놀란 듯 황급히 죄수복을 입으며 두 사람을 쳐다보았다. 네플류도프는 그지없이 착해 보이는 그 젊은 농부의 맑은 눈에 호감을 느꼈다.

"무슨 일로 여기 들어왔는지 얘기해 줄 수 있겠나? 다른 사람에게 듣긴 했지만, 자네에게 직접 듣고 싶네."

네플류도프가 창가로 가며 겁을 먹고 있는 듯한 그에게 부드러운 목소리로 말했다.

네플류도프의 뒤를 따라 창가로 온 메니쇼프는 머뭇거리다가 입을 열었다. 처음에는 작은 소리로 말했으나, 부소장이 다른 볼일로 밖에 나가자 목소리가 커지며 생기가 돌았다.

결혼한 지 얼마 안 되어 젊은이는 마을의 술집 주인에게 아내를 빼앗겼다. 억울한 사정을 호소하며 몇 차례나 재판을 걸었지만, 번번이 돈 많은 술집 주인이 이겼다. 참다 못한 젊은이는 무조건 아내를 끌고 왔다. 그런데 아내는 바로 다음 날로 달아나 버렸다.

젊은이는 술집으로 쫓아가 아내를 내놓으라고 소리쳤다. 술집 주인은 사람을 시켜 젊은이를 피투성이가 되도록 때렸다. 그런데 공교롭게도 그 이튿날 술집에 불이 났다. 술집 주인은 젊은이와 그 어머니가 불을 질렀다고 신고했다. 그러나 젊은이는 그날 줄곧 친구와 함께 있었다. 불을 지를 겨를이 없었던 것이다.

"정말 불을 안 질렀단 말이지?"

"물론입니다. 그런 일은 꿈에도 생각해 본 일이 없습니다. 보험금을 타려고 그 술집 주인이 제 손으로 불을 지른 다음 우리 모자에게 뒤집어씌운 게 틀림없습니다. 그 일이 있기 바로 전에 그가 보험을 들었다는 말을 들었거든요."

"그게 사실인가?"

"그렇습니다. 하느님께 맹세할 수 있습니다. 선생님, 부디 저희 모자를 도와주십시오."

그러면서 젊은이는 깊이 고개를 숙였다.

"내가 힘 닿는 데까지 애써 볼 테니 너무 걱정 말게."

네플류도프는 젊은이를 위로하고 감방을 나왔다.

네플류도프가 사무실로 가니, 소장은 아차 하는 표정을 지었다. 베라 보고두호프스카야 부르는 것을 깜박 잊고 있었던 것이다.

"잠깐 앉아서 기다리십시오. 곧 불러 드리겠습니다."

네플류도프가 면회하는 사람들을 바라보며 기다리고 있으려니까, 뒤쪽 문으로 짧은 머리에 여위고 누렇게 뜬 얼굴의 베라 보고두호프스카야가 들어왔다.

"이렇게 와 주셔서 감사합니다. 절 알아보시겠어요?"

네플류도프에게 손을 내밀며 베라 보고두호프스카야가 물었다.

"이런 데서 만나게 되리라곤 생각 못했습니다."

"그래도 전 반가워요."

베라 보고두호프스카야의 목소리는 밝았다.

베라 보고두호프스카야는 혁명당의 일을 돕다가 다섯 달 전에 체포되었다. 그 때 혁명당원이 아닌 친구 슈스토바가 함께 붙잡혔다. 우연히 비밀 문서와 책을 보관한 일 때문이었다.

베라 보고두호프스카야는 지금 상트페테르부르크의 감옥에 갇혀 있는 슈스토바가 풀려날 수 있는지 알아 봐 달라고 네플류도프에게 부탁했다. 네플류도프는 상트페테르부르크에 가면 알아보겠다고 약속했다.

베라 보고두호프스카야의 두 번째 용건은 마슬로바에 관한 것이었다. 그녀는 마슬로바 사건과 두 사람의 관계에 대해 잘 알고 있었다. 감옥 내에서는 그만큼 소문이 빨랐던 것이다.

"마슬로바를 정치범들 쪽으로 옮기거나 감옥 내 병원의 간호 보조원으로 갈 수 있게 힘써 보세요."

베라 보고두호프스카야가 권했다.

네플류도프는 그녀의 조언에 감사했다.

다음 날, 네플류도프는 다시 마슬레니코프를 찾아가서 마슬로바의 병원 근무 허락을 얻어 냈다. 그런 후에 세 번째로 감옥을 찾았다.

소장은 네플류도프에게 면회를 허가했는데, 장소는 사무실이 아닌 여죄수 면회실이었다. 먼젓번과는 달리 소장의 태도는 매우 조심스러워졌다. 네플류도프는 소장의 변화에 고개를 갸웃거렸다. 그러고 보니 마슬레니코프를 찾아가 메니쇼프와 그 밖의 죄수들에 대해 이야기한 것이 생각났다. 아마도 네플류도프를 조심하라는 지시를 받은 모양이었다.

네플류도프가 여죄수 면회실로 들어가니, 이미 와 있던 마슬로바는 조심스럽게 철망 앞으로 다가왔다.

"그저께는 버릇없이 굴어서 죄송해요. 용서해 주세요."

마슬로바가 나지막한 소리로 말했다.

"나보고 용서를 해 달라니……."

네플류도프는 당황한 표정을 지었다.

"아무튼 저 같은 건 제발 그냥 내버려 두세요."

그녀는 그저께와는 다르게 단호한 어조로, 그러면서도 얌전하게 말했다. 자기를 바라보는 그녀의 표정에서 네플류도프는 아직도 그녀가 화를 내고 있다는 것을 알 수 있었다.

"도대체 왜 그러는 거요?"

"더 이상 묻지 말고 제발 저를 이대로 내버려 두세요. 자꾸 이러시면 전 목을 매어 죽어 버릴 거예요."

마슬로바가 떨리는 목소리로 말했다.

네플류도프는 한동안 아무 말도 할 수가 없었다. 그러다가 가까스로 마음을 가라앉혀 말했다.

"영지 문제로 시골에 잠깐 갔다가 거기서 곧장 상트페테르부르크로 갈 생각이오. 당신 사건은 잘 해결해 보도록 하겠소. 지난번 판결은 반드시 취소가 될 거요."

"취소되지 않아도 괜찮아요. 이번 일이 아니라도 전 지금까지 그만한 죄를 지었으니까요."

마슬로바는 흘러내리는 눈물을 참느라고 애를 쓰고 있었다.

네플류도프는 그녀의 그런 모습을 안타깝게 바라보았다.

"참, 메니쇼프는 만나 보셨나요? 그들이 죄가 없다는 걸 아셨죠?"

그녀는 마음의 동요를 감추려는 듯 급히 화제를 바꾸었다.

"그런 것 같았소."

"정말 착한 사람들이에요."

네플류도프는 메니쇼프로부터 들은 대로 이야기해 주었다. 그리고 필요한 것이 없느냐고 물었으나, 그녀는 아무것도 필요없다고 대답했다.

두 사람은 다시 입을 다물었다. 그러다가 갑자기 마슬로바가 약간 사시인 듯한 아름다운 눈으로 네플류도프를 쳐다보았다.

"저, 병원 말씀인데요……. 원하신다면 그리로 가겠어요. 그리고 술도 다시는 안 마시겠어요."

네플류도프는 잠자코 그녀의 눈을 바라보았다. 그녀의 눈은 수줍게 웃고 있었다.

"그거 좋은 생각이오."

그는 겨우 이렇게 말하고 면회실을 나왔다.

'카추샤는 이제 딴사람이 되었어. 지난날로 돌아가고 있는 거야.'

감옥 문을 나서면서 네플류도프는 생각했다.

네플류도프와 헤어져 감방으로 돌아온 마슬로바는 자기 침상에 앉아서 두 손을 무릎 위에 얹었다.

"무슨 일이야? 뭐, 좋지 않은 일이라도 있었어? 이건 차 마실 때 같이 먹어요."

페도샤가 다가와 빵을 선반 위에 얹어 놓으며 말했다.

"왜 그래? 그 사람이 결혼을 망설여?"

콜라브료바도 물었다.

"아니에요. 오히려 내가 싫다고 했어요."

"이런 맹추 같으니!"

콜라브료바의 핀잔에 페노샤가 마슬로바를 두둔했다.

"어차피 함께 살지 못할 바에야 결혼이 무슨 소용이에요?"

"네 남편도 너를 따라가려고 하잖아?"

건널목지기 여자가 말했다.

"우리야 정식으로 결혼한 사이잖아요. 하지만 그 사람은 함께 살 수 도 없는데 왜 결혼을 하려는 거지?"

"결혼하면 카추샤를 편하게 해 줄 수 있을 테니까."

"그 사람은 내가 어디로 가든 따라오겠다고 했어요. 하지만 전 상관 안해요. 아무튼 그 사람은 곧 상트페테르부르크로 간대요. 그는 높은 사람들을 많이 아니까, 나를 위해 그들에게 부탁해 줄 모양이에요."

마슬로바가 말했다.

콜라브료바가 한잔 하지 않겠느냐고 묻자, 마슬로바는 고개를 저었다.

"안 마시겠어요."

모든 것을 버리고

네플류도프는 2주일 후에 있을 마슬로바의 재심이 뜻대로 안 될 경우에 대비해, 상트페테르부르크로 가서 황제에게 청원할 서류들을 준비하기로 했다. 상소 이유가 너무 빈약하니, 실패할 경우를 생각하여 미리 손을 써 두는 것이 좋겠다고 변호사가 권했던 것이다.

그리고 그것마저 허사로 돌아가 형이 확정된다면, 네플류도프는 마슬로바를 따라 시베리아로 갈 생각이었다. 그러기 위해 미리 자기 소유의 땅부터 정리할 생각이었다. 먼저 네플류도프는 땅이 가장 많이 있는 쿠즈민스크 마을로 갔다. 그는 그 곳 땅을 그 일대의 다른 지주보다 30퍼센트나 싼 값으로 농민들에게 빌려 주기로 했다.

그렇게 함으로써 네플류도프의 수입은 거의 반으로 줄어들었으나, 농민들은 별로 반가운 기색이 아니었다. 농민들 가운데 몇 사람은 고맙다고 말하고 있었지만, 거의 대부분 불만스러운 얼굴들이었다. 왜냐하면 그는 많은 것을 잃었지만, 농민들 역시 별로 얻은 것이 없었기 때문이다.

네플류도프는 개운치 않은 기분으로 고모들의 영지가 있는 파노보로 향했다. 고모들이 모두 세상을 떠나고 그가 상속을 받은 그 땅은 그가 마슬로바를 처음 만난 곳이다.

그 곳 농민들은 참으로 비참한 생활을 하고 있었다. 마을을 한 바퀴 둘러보며 그 형편을 직접 눈으로 본 네플류도프는 비로소 쿠즈민스크 마을에서 왜 자신의 마음이 개운치 못했는지 깨달았다.

그는 스스로 자신을 속이고 있었던 것이다. 인간에게는 토지에 대한 소유권이 없다는 것을 알면서도 그는 그 권리가 자기에게 있다고 생각했고, 단지 그 일부만을 농민들에게 나누어 주며 만족했던 것이다.

그는 이제 더 이상 그런 짓을 하지 않으리라 생각했다. 쿠즈민스크 마을이나 파노보 마을이나 농민들에게 땅값을 정하여 빌려 주되, 그 돈을 농민들을 위해 쓰도록 해야겠다고 생각했다. 그는 토지에 대한 권리를 완전히 포기한 것이었다.

모든 것을 정리하고 파노보를 떠나기 전날, 네플류도프는 고모 집의 안채로 들어가 이것저것 남아 있는 물건들을 뒤적여 보았다. 그러다가 한 서랍 속에서 편지 다발과 함께 끼여 있는 사진 한 장을 발견했다. 그것은 두 고모와 학생 차림의 네플류도프, 그리고 마슬로바가 나란히 찍힌 것이었다. 마슬로바는 청순하고, 생기 있고, 아름답고, 기쁨에 넘쳐 있었다. 그는 편지 다발과 그 사진을 챙겼다.

저녁 무렵 여행에서 돌아온 네플류도프는, 아그라페나 페트로브니에게 누이가 와서 살림을 정리할 때까지 기다리라고 말했다. 자신은 당장 필요한 물건만 챙겨 하숙으로 옮길 생각이었다.

네플류도프는 가까스로 하룻밤을 지내고, 다음 날 아침 감옥 근처에 허름한 두 칸짜리 방을 얻었다. 그리고 자기가 챙겨 놓은 짐만 옮기도록 이르고는 변호사 파나린을 찾아갔다.

파나린은 순서를 무시하고 네플류도프를 만나 주었다. 그는 메니쇼프와 그 어머니에 대한 사건 기록을 읽었다며 몹시 분개했다.

"정말 끔찍한 일입니다. 그 술집 주인이란 자가 보험금을 타먹기 위해 불을 지르고 메니쇼프 모자에게 뒤집어씌운 게 분명해요. 재판을 한다면 틀림없이 이길 수 있습니다."

변호사의 집을 나온 네플류도프는 마슬로바를 만나기 위해서 감옥으로 향했다. 감옥까지는 꽤 먼데다가 날씨도 갑자기 쌀쌀해졌기 때문에 네플류도프는 마차를 잡아탔다.

그의 머릿속에는 농촌 사람들의 모습이 생생하게 남아 있었다. 비로소 보게 된 빈곤과 질병, 그리고 고통……. 그는 자기도 모르게 농촌 사람들과 거리를 걸어가는 사람들을 비교해 보았다. 농촌에서 볼 수 없는 말쑥한 옷차림과 배가 부른 상인들의 모습에 새삼스레 놀랐다.

네플류도프는 그들 중에 토지를 빼앗기고 도시로 나온 사람들도 있다는 것을 알았다. 그 가운데는 잘된 사람들도 있지만, 반대로 농촌에 있을 때보다 훨씬 형편이 나빠진 사람도 있었다.

그런 생각을 하는 사이에 어느덧 감옥에 도착했다. 그런데 마슬로바는 그 곳에 없었다. 병원으로 옮겨졌던 것이다. 간수는 그녀가 병원에서 착실하게 일을 하고 있다고 알려 주었다.

네플류도프는 병원으로 갔다. 마음 좋게 생긴 병원 수위가 소아과 병동 쪽으로 안내해 주었다.

마슬로바는 줄무늬가 쳐진 옷에 하얀 앞치마를 두르고, 머리는 흘러내리지 않게 머릿수건으로 싸고 있었다. 그녀는 처음에는 좀 머뭇거리다가, 곧 얼굴을 붉히며 네플류도프 앞으로 다가왔다. 보지 못한 사이에 많이 달라진 것 같았다. 그 얼굴에서 이제까지 보지 못했던 수줍음과 무엇인가 자제하는 듯한 분위기가 느껴졌다. 하지만 아직도 어느 정도는 그에게 반감을 품고 있는 것 같았다.

네플류도프는 상트페테르부르크로 갈 생각이라고 말한 다음, 파노보에서 가져온 사진이 들어 있는 봉투를 건네주었다.

"파노보에서 찾은 옛날 사진이오. 당신이 좋아할 것 같아서 가져왔소."

마슬로바는 놀라움이 깃든 까만 눈으로 그를 바라보더니, 말없이 봉투를 받아 앞치마 주머니에 넣었다.

"이 곳은 지내기가 어떻소? 마음에 드오?"

네플류도프가 물었다.

"괜찮아요."

"일이 고되진 않소?"

"괜찮아요. 아직 손에 익지 않아 서투르지만……."

"다행이구려. 그 곳보다는 여기가 더 나을 테니까."

"그 곳이라니, 어디 말씀인가요?"

마슬로바가 얼굴을 붉히며 물었다.

"감옥 말이오."

"뭐가 더 낫다는 거죠?"

"사람들이 더 나을 것 같다는 말이오. 여기 있는 사람들하곤 다를 테니까."

"거기도 좋은 사람들이 많아요."

"참, 메니쇼프와 그 어머니는 곧 풀려날 것 같소."

네플류도프는 얼른 화제를 돌렸다.

"잘 됐군요. 정말 착한 할머니거든요."

마슬로바의 얼굴에 미소가 떠올랐다.

"나는 오늘 상트페테르부르크로 갈 거요. 재심을 받게 되면 틀림없이 유죄 판결이 취소될 거요."

"아무래도 저에겐 마찬가지예요."

"그게 무슨 소리요?"

"그건……."

마슬로바는 무엇인가 묻고 싶은 눈으로 그의 얼굴을 쳐다보았다. 네플류도프가 자기와 결혼하겠다는 결심이 바뀌었는지 궁금해하는 눈치였다.

"난 당신이 왜 아무래도 마찬가지라고 하는지 모르겠소. 하지만 나도 당신이 유죄가 되든 무죄가 되든 상관없소. 결과가 어찌 되든 나는 당신에게 말한 그대로 실천할 생각이니까."

그녀는 고개를 들고 까만 사시로 네플류도프의 얼굴을 빤히 쳐다보았다. 곧 시선을 돌렸지만, 그녀의 얼굴은 기쁨으로 환히 빛나고 있었다. 그러나 그녀는 속마음을 감추고 말했다.

"그런 말씀을 해도 소용없어요."

"당신이 알아 두라고 말한 것뿐이오. 그럼 오늘은 이만 가 보겠소."

네플류도프가 악수를 청하자, 그녀는 못 본 체하고 돌아서서 빠른 걸음으로 사라졌다.

그날 밤, 일을 끝낸 마슬로바는 네플류도프가 준 사진을 꺼내 놓고 멍하니 바라보았다.

그 때, 동료 간호 보조원이 방으로 들어왔다. 마슬로바는 사진을 들여다보는 데 정신이 팔려 그녀가 들어오는 것도 몰랐다.

"이 아가씨가 너야?"

그녀가 사진 속의 마슬로바를 가리키며 물었다.

"응, 나야. 지금하고는 딴판이지?"

"못 알아보겠는데. 하긴 오래 된 사진이니 그럴 수밖에 없겠지."

"아주 먼 옛날에 찍은 거야."

마슬로바가 어두운 표정으로 쓸쓸하게 말했다.

잠시 후, 마슬로바는 집어던지듯 사진을 책상 서랍에 넣고 밖으로 나갔다. 그녀는 사진을 들여다보며 그 시절의 자기로 돌아간 듯한 착각에 빠졌다. 그 때 얼마나 행복했었던가를 회상하며 지금이라도 네플류도프와 행복하게 살 수 있을지도 모른다는 생각이 들었다. 그런데 그 간호 보조원의 말은 마슬로바가 애써 생각하고 싶지 않았던 지금의 자기 모습을 돌아보게 했던 것이다.

날마다 술을 마시고 이 남자 저 남자와 어울리다가, 지금은 감옥에까지 와 있다. 그 모든 것이 네플류도프 때문이었다는 생각이 들었다. 그러자 갑자기 걷잡을 수 없는 분노가 치밀어 그가 저주스럽고 원망스러웠다. 만일 감옥에 있었더라면, 그녀는 자신과의 약속을 저버리고 술을 마셨을지도 모른다. 하지만 병원에서는 그것이 불가능했다. 그녀는 방으로 돌아가 망가져 버린 자기 인생을 돌아보며 눈물을 흘렸다.

상트페테르부르크에 도착한 네플류도프는 큰이모인 차르스카야 백작부인 집에 머무르게 되었다. 이모부는 전에 국무 장관을 지냈던 인물이었다.

이모 집에 머물게 되면서부터 그는 또다시 지금까지 피해 오던 상류 사회에 발을 들여놓게 되었다. 그는 그것이 못마땅했으나, 어쩔 수 없는 일이었다. 만일 그가 호텔 같은 곳에 머문다면, 이모의 마음을 상하게 할 뿐만 아니라 아는 사람이 많은 이모의 도움도 받지 못할 것 같았기 때문이었다. 소문을 듣고 있었던 듯, 이모는 커피를 권하면서 말했다.

"그런 천한 여자를 위해 뛰어다니다니, 너도 어지간히 바보로구나. 하지만 난 그런 바보 같은 네가 마음에 든다."

이모는 네플류도프의 기분을 이해하고, 그것이 좋은 일이라고 판단한 것 같았다.

"내가 들은 소문으로는 네가 그 여자와 결혼하려고 한다던데, 그게 사실이냐?"

"네, 그런데 그녀 쪽에서 거절하고 있어요."

"그래? 그렇다면 그 애가 너보다 훨씬 현명하구나."

"그 여자는 유형 판결을 받았어요. 제가 이 곳에 온 이유도 그 판결의 취소를 위해서입니다. 이게 이모님을 뵙는 첫 번째 용무지요."

백작 부인은 바보 같다고 하면서도 네플류도프를 위해 여러 통의 소개장을 써 주었다. 그리고 남편인 차르스키 백작에게도 소개장을 써 달라고 말했다.

네플류도프는 그 소개장을 가지고 상트페테르부르크의 귀족이나 높은 관리들을 열심히 찾아다녔다. 마슬로바의 상소장은 접수되었다.

며칠 후에 대심원에서 마슬로바 사건의 재심이 있었다.

네플류도프는 벌써 여러 대의 마차가 도착해 있는 웅장한 대심원 현관에서 변호사를 기다렸다. 파나린은 연미복에 하얀 와이셔츠, 나비 넥타이 차림으로 나타났는데, 그의 표정은 확신에 차 있었다.

그러나 대심원 의원들은 사건 내용을 진지하게 검토하지도 않고 단지

상소 이유가 충분치 못하다는 이유로 상소를 기각시켰다 결국 마슬로
바는 원심 판결대로 시베리아 유형 4년에 처해졌다.

"무서운 일이군요! 명백한 사실을 형식적인 이유를 트집잡아 기각시
키다니, 정말 어처구니없는 일입니다!"

변호사와 함께 대심원을 나오면서 네플류도프가 말했다.

"이 사건은 원심에서 망쳐 놓은 겁니다."

파나린이 말했다.

재심이 기각된 것은 자기 책임이 아니라는 이야기였다.

"이젠 어떻게 해야 하죠?"

네플류도프가 초조한 표정으로 물었다.

"황제 폐하께 청원하는 수밖에 없습니다. 여기 머무는 동안 직접 제
출하십시오. 서류는 제가 작성하겠습니다."

파나린과 헤어진 네플류도프는 강변에 있는 집으로 갔다. 그는 기분
이 몹시 울적했다.

집에 도착하니, 문지기가 편지 한 통을 전해 주었다. 웬 여자가 주고
갔다는 것이었다. 그것은 베라 보고두호프스카야의 부탁으로 석방되도
록 도와준 슈스토바의 어머니가 쓴 감사의 편지였다.

집에서 하룻밤을 지낸 다음, 네플류도프는 모스크바로 떠났다.

모스크바에 도착하자, 네플류도프는 우선 감옥의 병원으로 마슬로바
를 찾아갔다. 상소가 기각되어 시베리아 유형을 떠날 수밖에 없으니 그
준비를 하라고 전하기 위해서였다.

그는 마슬로바의 서명을 받기 위해 변호사가 써 준 황제께 보낼 청원
서를 주머니에 넣어 가지고 왔으나, 그것에 크게 기대를 걸지는 않았다.
사실 그는 지금까지 시베리아로 떠나는 것만 생각해 왔으므로, 만일 그
녀가 무죄로 석방될 경우 어떤 식으로 살아야 할 것인지 막막했다.

병원 수위가 먼저 그를 알아보고는 마슬로바가 없다고 말했다.

"그럼 어디로 갔소?"

"다시 감옥으로 돌아갔습니다."

"왜 돌아갔소?"

"그런 여자들이 조용히 지낼 수가 있습니까? 조수하고 말썽을 부려서 병원장이 감옥으로 되돌려보냈답니다."

그 말을 하면서 수위는 경멸하는 듯한 표정을 지었다.

네플류도프는 얼떨떨한 기분이었다. 놀랍기도 하고 한편으로는 창피 스럽기도 했다. 그는 무엇보다도 그녀가 정신적으로 변화되어 간다고 좋아했던 자신이 몹시 우스꽝스럽게 생각되었다.

그러나 병원 밖으로 나온 네플류도프는 어떤 일이 있어도 결심을 바 꿀 수는 없다고 생각했다. 마슬로바가 무슨 짓을 하든 내버려 두어야 한다고 생각했다. 그것은 자기 결심과는 상관없는 일이기 때문이었다.

'나는 내 양심에 따라 행동할 따름이다. 내 양심은 내가 지은 죄에 대 한 보상으로 내 자유를 희생시킬 것을 요구하고 있다. 그러므로 비록 형식적이나마 그녀와 결혼하여 그녀가 어디로 가든 따라가야 한다.'

그는 단호한 걸음걸이로 감옥 문을 향해 걸어갔다.

당직 간수에게 특별 면회를 신청하자, 그는 뜻밖의 소식을 전해 주었 다. 옛날 소장은 파면되었고, 엄격한 소장이 새로 왔다는 것이었다.

"지금은 면회 규정이 엄해져서, 지정된 면회일이 아니면 곤란합니다. 어쨌든 소장님께 말씀드려 보겠습니다."

간수가 말했다.

그는 곧 네플류도프를 소장에게 안내했다. 새로 온 소장은 큰 키에 깡마른 사나이였다.

"면회는 지정된 날 지정된 장소에서만 할 수 있습니다."

소장은 네플류도프를 거들떠보지도 않은 채 말했다.

"황제께 청원할 서류에 서명을 받아야 합니다."

"대신 받아 놓을 테니 제게 맡기십시오."

"직접 만나서 할 말이 있습니다. 예전엔 필요하면 언제라도 만날 수 있었는데요."

"지금은 그렇지 않습니다."

소장은 네플류도프를 힐끗 쳐다보며 말했다.

"나는 지사의 허가증을 가지고 있습니다."

"어디 봅시다."

소장은 여전히 네플류도프를 거들떠보지 않고 허가증을 받아 들더니, 그것을 훑어본 다음 무뚝뚝하게 말했다.

"사무실로 가십시오."

사무실 안에는 아무도 없었다.

잠시 후에 마슬로바가 사무실로 들어왔다. 그녀는 전처럼 흰 옷을 입고 머릿수건을 쓰고 있었다. 네플류도프의 차갑고 화난 듯한 표정을 본 마슬로바는 얼굴을 붉히면서 시선을 떨구었다. 그 쩔쩔매는 모습을 보며 네플류도프는 병원 수위의 말을 확인할 수 있었다.

"당신한테 좋지 못한 소식이오. 대심원에서 상소가 기각되었소."

네플류도프는 그녀를 쳐다보지도 않은 채 냉정하게 말했다.

"그럴 줄 알았어요."

그녀는 간신히 말했다.

전 같으면 왜 그런 소리를 하느냐고 말했겠지만, 네플류도프는 그저 그녀를 한번 쳐다보았을 뿐이었다. 그녀는 눈물을 글썽거리고 있었다. 하지만 그 눈물도 그의 굳은 마음을 풀어 주지는 못했다.

책상에 앉아 서류를 만지고 있던 소장은 자리에서 일어나 사무실 안을 왔다갔다하기 시작했다.

"그렇다고 해서 실망하진 말아요. 황제께 청원서를 내면 되니까."

네플류도프가 말했다.

마슬로바에 대해 화가 나긴 했지만, 상고가 기각된 데 대해서는 유감의 뜻을 나타내지 않을 수 없었던 것이다.

"그런 건 바라지 않아요. 병원에 가셨다가 제 이야기를 들으셨죠?"

그녀는 눈물이 괸 약간 사시인 듯한 눈을 들어 애처롭게 네플류도프를 쳐다보았다.

"그건 나와는 아무 상관 없는 당신 일이오."

네플류도프는 차갑게 말하고, 주머니에서 커다란 봉투를 꺼내 책상 위에 놓았다.

"이 청원서에 서명을 해요."

마슬로바는 머릿수건 끝으로 눈물을 닦으며 어디에 무엇을 써야 하느냐고 물었다. 그가 어떻게 하라고 가르쳐 주자, 그녀는 왼손으로 오른쪽 소매를 매만지면서 맞은편에 앉았다.

네플류도프는 마슬로바의 뒤에 서서, 간간이 흐느끼는 그녀의 등을 물끄러미 내려다보았다. 순간, 그는 자기가 죄를 많이 지었으며 그녀가 불쌍하다는 생각이 들었다.

청원서에 서명을 마친 그녀는 잉크 묻은 손가락을 치마에 닦으면서 자리에서 일어나 그를 쳐다보았다.

"결과가 어떻게 되든, 나는 내가 말한 대로 실행에 옮길 거요. 당신이 어디로 가든 나는 끝까지 따라갈 생각이오."

마슬로바를 용서해야겠다고 생각하자, 좀더 따뜻하고 부드럽게 대해 주고 싶은 마음이 강하게 일어났다.

"다 부질없는 일이에요. 그러지 마세요."

그녀는 급히 네플류도프의 말을 막았으나, 그 얼굴은 기쁨으로 환해졌다.

"가는 도중에 필요한 물건이나 생각해 둬요."

"고마워요. 하지만 필요한 건 별로 없어요."

소장이 두 사람 쪽으로 다가왔다. 네플류도프는 주의를 받기 전에 미리 그녀에게 작별 인사를 하고 밖으로 나왔다. 그는 전에 느껴 보지 못한 고요한 기쁨과 편안함, 그리고 모든 세상 사람들에 대한 사랑을 느끼면서 감옥 문을 나섰다.

마슬로바가 무슨 짓을 하든 그녀에 대한 자신의 사랑은 변하지 않을 것이라는 생각이 네플류도프로 하여금 기쁨을 느끼게 했으며, 그를 높은 곳으로 끌어올렸던 것이다.

그러나 감옥에 남은 마슬로바는 마음이 몹시 괴로웠다. 사실 마슬로바가 병원에서 쫓겨난 것은 그녀의 잘못 때문이 아니었다.

마슬로바가 간호원의 심부름으로 복도 끝에 있는 약국에 약을 가지러 갔을 때, 그 곳에 전부터 그녀를 쫓아다니며 귀찮게 굴던 병원장의 조수가 있었다. 그는 다짜고짜 그녀를 껴안으려고 달려들었다. 마슬로바는 그를 뿌리치며 힘껏 밀어 버렸다. 그는 약장에 몸을 부딪쳤는데, 그 바람에 약병 두 개가 바닥에 떨어져 깨졌다.

그 때 병원장이 복도를 지나가다가, 유리 깨지는 소리와 함께 얼굴이 빨개진 채 뛰어나온 마슬로바를 보고 버럭 소리를 질렀다.

"행실을 똑바로 하지 않으면 감옥으로 쫓아 버릴 거야!"

뒤쫓아 나온 조수는 능청스럽게 웃으며 변명을 늘어놓았다. 병원장은 그 말을 믿고, 소장에게 마슬로바 대신 좀더 얌전한 여자를 보내 달라고 했던 것이다. 그것이 전부였다.

마슬로바는 처음에 네플류도프에게 사실대로 이야기를 하려고 했다.

그러나 자신의 말을 믿어 주기는커녕 오히려 더 의심을 사게 될 것 같아서 아무 소리도 못했던 것이다.

마슬로바는 네플류도프가 두 번째로 면회 왔을 때 말한 것처럼 그를 용서할 수 없으며 미워하고 있다고 생각했다. 그러나 그녀는 이미 오래 전부터 그를 다시 사랑하고 있었다. 뿐만 아니라, 그가 바라는 것을 자기도 모르게 한 가지 한 가지 실천해 나갔다. 그래서 술과 담배도 끊고, 그가 시키는 대로 병원의 간호 보조원으로 일을 했던 것이다.

네플류도프의 구혼을 단호하게 거절한 것은, 자기와의 결혼이 그를 불행하게 만들 것이라는 생각 때문이었다. 그래서 그녀는 그의 희생을 받아들이지 않겠다고 굳게 결심했다. 하지만 그녀로서는 그가 자기 마음 속 변화를 알아주지 않는다는 것이 괴로웠다. 지금도 그가, 자기가 병원에서 무슨 불미스러운 짓을 저질렀다고 생각하는 것이 유형이 확정되었다는 소식보다 더욱 가슴을 아프게 했다.

유형수의 행렬

마슬로바가 시베리아로 가는 첫 죄수 이송대에 낄 수도 있었으므로, 네플류도프는 길 떠날 준비를 서두르지 않으면 안 되었다. 그러나 할 일이 너무 많았기 때문에, 네플류도프는 그 일을 세 가지로 분류하여 처리해 나갔다.

첫 번째 일은 마슬로바의 구제 방법에 대한 것이었다. 그것은 황제에게 보낸 청원서가 받아들여지도록 애쓰는 일과 시베리아로 떠날 준비를 하는 일이었다.

두 번째 일은 영지의 정리였다. 농민들에게 분배해 준 토지에 대해서 새로운 계약서와 유언장을 작성하여 서명해 둘 필요가 있었던 것이다.

세 번째의 일은 마슬로바로 인해 알게 된, 자기에게 도움을 청해 오는 기없은 죄수들에 관한 일이었다.

그런 일들에 매달려 왔다갔다하다 보니, 어느덧 시베리아로 떠나는 날이 닥쳐왔다. 마슬로바가 끼여 있는 제1 죄수 이송대는 7월 5일에 출발하게 되었다. 네플류도프는 그녀를 따라 길을 떠날 준비를 했다.

떠나기 전날 밤, 네플류도프의 누나 나탈리아 이바노브나와 매부가 동생을 만나러 왔다.

너무나 변한 동생의 모습을 대한 나탈리아 이바노브나는 동생의 숭고한 희생 정신에는 감동하면서도 토지 분배 문제에 대해서만은 못마땅하게 여기고 있었다.

마슬로바가 소속된 죄수 대열은 오후 3시에 역을 출발할 예정이었다. 그들과 함께 역까지 가려면 12시 전에 감옥에 도착해야 했다. 서둘러 서류와 짐을 챙기다 보니 최근에 쓴 일기가 눈에 띄었다. 네플류도프는 그 일기의 맨 마지막 부분을 읽어 보았다.

카추샤의 마음에 변화가 일어난 듯하다. 나는 그녀의 변화에 괴로움과 기쁨을 동시에 느낀다.

네플류도프는 맨 처음 눈에 띈 마차를 잡아 타고 감옥으로 향했다. 죄수들의 호송 열차는 네플류도프가 타고 갈 우편 열차보다 두 시간 먼저 떠날 예정이었다.

무덥고 뜨거운 날씨였다. 거리의 포석과 양철 지붕들은 바람 한점 없는 공기 속에 후텁지근한 열기를 뿜고 있었다. 거리에는 사람들의 모습이 별로 보이지 않았다. 어쩌다 지나가는 행인들은 축 늘어져서 건물의 그늘을 따라 걷고 있었다.

도로 공사장에서 일하는 인부들은 새까맣게 탄 얼굴로 타오르는 듯한 길바닥에 돌을 깔고 있었다. 또 길 한복판에는 땀에 절어 누른 빛이 나는 여름 제복을 입은 경관들이 권총 끈을 길게 늘어뜨리고 우울한 표정으로 맥없이 서 있었다.

네플류도프가 감옥에 도착했을 때, 죄수 대열은 아직 떠나지 않고 있었다. 감옥 안뜰에서는 새벽 4시부터 시작된 죄수 인계 사무가 그 때까지 계속되고 있었다. 오늘 떠나게 되는 죄수는 남자가 623명, 여자가 64명이었다. 새로 온 소장과 두 명의 부소장, 그리고 호송 장교와 사병, 감옥 안의 의사와 조수들은 그늘 밑에 마련된 책상 앞에 앉아, 그들 모두를 일일이 명부와 대조하여 서류에 적고, 환자나 장거리 여행을 할 수 없는 사람들을 가려 내고 있었다. 바람기 없는 안뜰은, 서 있는 죄수들이 뿜어 내는 입김과 땀냄새로 더욱 찌는 듯했다.

"이러다간 언제 끝날지 모르겠군. 대체 어디서 이렇게 몰려왔을까? 정말 지긋지긋해. 아직도 많이 남았소?"

불그스름한 얼굴에 몸집이 큰 호송 장교가 수염으로 덮인 입으로 담배를 한 모금 빨며 물었다.

"남죄수 24명과 여죄수가 그대로 남아 있습니다."

서기가 서류를 뒤적거리며 대답했다.

"이봐! 뭘 꾸물거리고 있나? 빨리 와!"

호송 장교는 아직 조사를 받지 않은 죄수들을 향해 화풀이라도 하듯 소리를 질렀다.

죄수들은 내리쬐는 뙤약볕에 벌써 세 시간 이상이나 서서 차례를 기다리고 있었다. 그리고 감옥 밖에서는 어깨에 총을 멘 경비병들이 죄수들의 소지품과 병약자를 싣고 갈 20대 가량의 짐마차를 지키고 있었다. 길가에는 죄수들의 가족이나 친지들이 떠나는 그들을 먼발치에서나마

보기 위해, 또는 무엇인가를 전해 주거나 이야기라도 나누기 위해 기다리고 있었다. 네플류도프도 그 틈에 끼여 있었다.

이윽고 문 안쪽에서 철거덕거리는 쇠사슬 소리와 함께 발소리, 호령하는 소리, 기침하는 소리 등, 많은 사람들이 분주하게 움직이는 소리가 들려왔다. 그렇게 약 5분 가량 지났을 때, 간수들이 옆문으로 바쁘게 오가더니 출발 명령이 내렸다.

요란한 소리와 함께 감옥 문이 활짝 열리자, 죄수들이 줄을 지어 나오기 시작했다. 삭발한 머리에 회색 바지를 입고 어깨에 배낭을 둘러멘 남자 징역수들이 먼저 나타났다. 그들은 모두 등에 번호를 붙이고 있었는데, 발에 묶인 쇠고랑 소리를 내며 마치 즐거운 여행이라도 떠나듯 씩씩하게 팔을 흔들며 나왔다.

그 뒤를 이어, 쇠고랑을 차지는 않았지만 두 사람씩 짝을 지어 수갑을 찬, 똑같은 죄수복에 똑같이 머리를 삭발한 죄수들이 몰려나왔다. 유형수들이었다. 그들은 문 밖으로 나오자 일단 그 자리에 멈추어 네 줄로 늘어섰다.

다음은 여죄수들이 따랐다. 앞줄에는 회색 죄수복에 머릿수건을 쓴 여자 징역수들, 그 뒷줄에는 유형수들이 따라나왔는데, 그 중 몇 명은 죄수복 앞자락에 젖먹이를 안고 있었다. 여죄수들 사이에 마치 말 떼에 섞인 망아지처럼 어린아이들이 끼여 있었다.

남죄수들은 간혹 기침을 하거나 이야기를 주고받을 뿐 잠자코 서 있었다. 그러나 여죄수들은 끊임없이 떠들어 대고 있었다. 네플류도프는 곧 마슬로바를 알아보았으나, 그녀는 이내 회색 무리 속에 묻혀 버렸다.

이미 인원수를 파악했음에도 불구하고 호송병들은 다시 인원 점검을 시작했다. 그러나 여러 죄수들이 이리저리 자리를 옮기는 바람에 상당히 시간이 걸렸다. 점검이 끝나자 호송병이 무엇인가 명령을 내렸다. 그

러자 죄수들 사이에서 혼란이 일어났다. 죄수들은 앞다투어 짐마차로 달려가 그 위에 배낭을 던진 다음 서로 먼저 올라타려고 아우성을 쳤다. 자리다툼을 하던 아이들과 울부짖는 갓난아기를 안은 여죄수, 그리고 침울한 표정의 남죄수들이 제각기 짐마차에 자리를 잡고 앉았다.

몇몇 죄수들은 호송 장교에게 다가가 모자를 벗어 들고 짐마차에 타게 해 달라고 부탁을 했다. 그러나 호송 장교는 그들을 거들떠보지도 않고 담배만 피우고 있었다. 그러다가 별안간 죄수들의 머리 위로 팔을 휘둘렀다. 죄수들은 삭발한 머리를 움츠리며 재빨리 물러섰다.

호송 장교는 큰 키에 여윈 노인 한 명만 마차에 타도록 했다. 그 노인은 둥근 모자를 벗고 성호를 그은 다음 마차로 다가갔다. 그러나 쇠고랑을 찬 노쇠한 다리를 쳐들지 못해 한동안 마차에 오르지 못하고 쩔쩔맸다, 그 모양을 보고 이미 마차에 올라탄 한 시골 아낙네가 그의 손을 잡아 끌어올렸다.

"출발!"

호송 장교가 명령을 내렸다.

호송병들은 일제히 총을 철커덕거렸고, 죄수들은 모자를 벗고 왼손으로 성호를 그었다. 뽀얀 먼지를 일으키며 쇠사슬 소리와 함께 죄수 대열이 움직이기 시작했다. 전송 나온 사람들이 무어라고 소리치자 죄수들도 이에 대꾸를 했다. 여자들 사이에선 울음소리가 터져 나왔다.

병사들이 앞장을 서고, 그 뒤에 남자 징역수, 수갑을 찬 유형수, 그리고 맨 뒤엔 여죄수들이 따랐다. 그 뒤를 이어 배낭과 병약자들을 가득 실은 짐마차가 따랐다. 한 짐마차 꼭대기에서는 여죄수가 얼굴을 가린 채 흐느껴 울고 있었다.

죄수들의 행렬은 매우 길어, 배낭과 병약자를 태운 맨 뒤의 짐마차가 움직이기 시작했을 때 선두는 이미 보이지 않았다.

네플류도프는 맨 마지막 짐마차가 움직이는 것을 보고 대기시켜 놓았던 마차를 타고, 마부에게 죄수 행렬을 따라잡도록 일렀다.

바람 한 점 불지 않는 찌는 듯한 날씨에, 거리는 죄수들의 행렬이 일으키는 먼지로 자욱했다. 똑같은 복장을 한 죄수들이 보조를 맞추면서 빠른 걸음으로 걷고 있었으므로, 네플류도프가 탄 마차는 그들을 가까스로 따라잡을 수 있었다. 네플류도프의 눈에는 그들이 인간다운 모습을 잃은, 마치 괴상한 동물의 무리처럼 보였다.

이윽고 네플류도프가 탄 마차는 여죄수들과 나란히 갈 수 있게 되었다. 네플류도프는 곧 마슬로바를 발견했다. 그녀는 행렬의 두 번째 줄에 끼여 있었는데, 배낭을 한쪽 어깨에 멘 채 담담한 표정으로 걷고 있었다. 그녀의 옆에는 죄수복 차림에 시골 아낙네처럼 머릿수건을 한 페도샤가 있었다.

네플류도프는 마차에서 내려 마슬로바에게 자기가 보낸 물건을 받아보았는지, 또 기분은 어떤지 물어 보려고 여죄수들 곁으로 다가갔다. 그러자 옆에 걸어가던 호송병이 이를 보고는 급히 달려오면서 외쳤다.

"가까이 가면 안 됩니다!"

가까이 다가온 병사는 그가 감옥에서 자주 본 네플류도프 백작이라는 것을 알고, 부드러운 표정으로 역에 가서 만나라고 말했다.

"이봐, 처지지 말고 빨리빨리 걸어!"

그는 죄수들 쪽으로 몸을 돌리고 소리친 다음, 찌는 듯한 무더위에도 불구하고 새 장화를 번쩍거리면서 다시 제 위치로 뛰어갔다.

네플류도프는 마부에게 뒤따라오라고 이른 다음, 자기는 죄수 행렬을 지켜보며 걸어갔다. 지나가면서 죄수 행렬을 바라보는 사람들은 동정어린 시선을 보내거나 두려운 기색을 보였다.

네플류도프는 죄수들과 보조를 맞추기 위해 빠르게 걸었다. 거리를 뒤덮고 있는 자욱한 먼지와 내리쬐는 햇볕으로 숨쉬기도 힘들 지경이었다. 그는 가볍고 얇은 옷을 걸쳤을 뿐인데도 몹시 더웠다.

네플류도프는 300미터 가량을 걷다가 도저히 참을 수가 없어서 다시 마차를 탔으나, 길 한복판이라서 그런지 한층 더 무더웠다. 길가 나무 그늘 밑에 앉아 아이스크림을 먹고 있는 학생복 차림의 소년을 보자, 그는 갑자기 갈증이 느껴졌다.

"이 근처에 뭐 좀 마실 만한 곳은 없소?"

네플류도프는 찬 것을 마시고 싶어서 마부에게 물었다.

"조금만 더 가시면 좋은 데가 있습니다."

그러면서 마부는 길모퉁이를 돌아 커다란 간판이 나붙은 집으로 그를 안내했다.

네플류도프는 창가에서 멀리 떨어진 테이블에 앉아 소다수를 청했다.

갈증이 어느 정도 풀리자, 네플류도프는 그 동안에 꽤 멀리 간 행렬을 따라가기 위해 다시 마차를 타고 마부를 재촉했다. 더위는 한층 더 심해졌다. 벽과 보도에 깔린 돌들은 뜨거운 열기를 뿜어 내고, 아스팔트는 발이 델 것처럼 뜨거웠다. 마부는 더위에 지쳤는지 줄곧 꾸벅꾸벅 졸았다. 네플류도프는 아무 생각 없이 앞만 보고 있었다.

내리막길에 접어들자, 갑자기 행렬이 술렁거리며 총을 멘 호송병과 많은 사람이 큰 건물 입구 쪽으로 달려갔다. 네플류도프는 마차를 세우게 했다.

"무슨 일이지?"

"죄수에게 무슨 일이 생긴 모양입니다."

마부가 대답했다.

네플류도프는 마차에서 내려 사람들이 모여 있는 쪽으로 다가갔다. 울퉁불퉁한 길 위에 몸집이 큰 중년 죄수 하나가 회색 죄수복을 입은 채 머리를 낮은 쪽으로 하고 쓰러져 있었다. 코가 납작한 붉은 얼굴에 턱수염을 기른 그 사나이는 금방이라도 숨이 끊어질 듯 헐떡거리면서 핏발이 선 눈으로 허공을 바라보고 있었다. 잔뜩 인상을 찌푸린 경관과 지나가던 사람들이 그 주위에 둘러서 있었다.

"정말 지독해!"

모여 있던 사람 중 하나가 말했다.

겨울 동안 감옥에 가두어 두었다가 무더위 속에 갑자기 강행군을 시켰으니, 일사병에 걸려 쓰러지는 것은 당연했다. 네플류도프는 슬며시 화가 치밀어올랐다.

"그냥 놓아 두면 죽을 텐데……."

양산을 든 노파가 울먹였다.

"루바시카를 풀어 줘야 해요."

우편 집배원이 말했다.

그러자 경관은 쓰러진 죄수의 옷깃을 여민 끈을 서투른 솜씨로 풀기 시작했다. 그는 몹시 흥분하고 당황했지만, 사람들이 모여드는 것을 막아야겠다고 생각한 듯 소리쳤다.

"무엇 때문에 이렇게 모여 있는 거요? 그러잖아도 더워 죽겠는데, 바람 좀 들어오게 비켜 서시오!"

"죄수라도 사람 대접을 해야 할 게 아니오!"

모여 있던 사람 중 누군가가 소리쳤다.

"머리를 높게 해 주고 빨리 물을 주시오."

치밀어오르는 화를 누르고 네플류도프가 조용하게 말했다.

"물 가지러 보냈습니다."

죄수의 겨드랑이 밑으로 두 팔을 껴 머리를 높게 해 주면서 경관이 대답했다.

"뭐야? 왜 이렇게 모여 있는 거야?"

유난히 깨끗한 흰 제복에 가죽 장화를 신은 경찰서장이 빠른 걸음으로 다가왔다.

"죄수가 쓰러졌습니다."

"그럼 빨리 손을 써야지, 이러고 있으면 어쩌나?"

"호송 장교가 그냥 내버려 두라고 했습니다."

"그렇다면 할 수 없지. 경찰서로 데리고 가야겠군. 마차를 부르게. 아니, 이 마차로 가면 되겠군."

물을 가져오자, 경관이 죄수의 머리를 받쳐 들고 물을 먹이려고 했다. 그러나 죄수는 아무런 반응이 없었다. 물은 입으로 들어가지 않고 붉은 턱수염을 따라 앞가슴과 먼지투성이인 셔츠 사이로 흘러들어갔다.

"머리에 끼얹게."

서장의 명령에 경관은 죄수의 모자를 벗기고는 머리 위로 물을 끼얹었다. 그러자 죄수는 눈을 가늘게 뜨고 온몸을 부들부들 떨며 숨을 몰아쉬었다.

"이 마차로 가면 되겠군."

경찰서장이 네플류도프가 전세낸 마차를 가리키면서 말했다.

"손님이 계십니다."

마부가 눈을 내리깔며 무뚝뚝하게 말했다.

"제 마차입니다. 하지만 쓰십시오. 요금은 제가 낼 테니까요."

네플류도프는 마부의 눈치를 살피며 경찰서장에게 말했다.

마부는 못마땅한 듯 고개를 저으며 호송병을 따라 경찰서로 마차를 돌렸다. 경관은 죄수 옆에 함께 타고 앉아, 머리가 이리저리 흔들리며 미끄러져 내리려는 것을 막고 있었다. 호송병은 마차를 따라 나란히 걸으며 죄수의 다리를 바로 놓아 주었다. 네플류도프는 그 뒤를 따라 걸었다.

경찰서에 도착하자, 죄수는 네 개의 침대가 있는 작고 지저분한 방으로 옮겨졌다. 곧 간호원이 들어와 죄수의 손을 잡았다가 내려놓았다. 손은 죄수의 배 위로 힘없이 떨어졌다.

"늦었어요."

간호원은 고개를 저었다. 그러나 형식적으로 땀에 젖은 더러운 웃옷을 헤치고 이미 심장이 멎은 죄수의 여윈 가슴에 귀를 대어 보았다. 그런 다음, 몸을 일으켜 크게 뜬 채 움직이지 않는 눈의 눈꺼풀을 뒤집어 보았다.

"어떤가?"

경찰서장이 물었다.

"시체실로 옮겨야겠어요."

간호원은 풀어 헤쳤던 죄수의 가슴을 여며 주면서 말했다.

"시체실로 옮겨! 그리고 자네는 사무실로 가서 인수증에 도장을 찍어 주게."

경찰서장이 죄수의 곁을 떠나지 않고 있는 호송병에게 말했다.

"알겠습니다."

이윽고 경관들이 시체를 밖으로 운반해 갔다.

네플류도프는 시체를 어디로 옮기는지 알고 싶어서 그 뒤를 따라 뜰로 나갔다.

"당신은 왜 그 곳으로 가시는 거죠?"

경찰서장이 물었다.

"아니, 그냥……."

네플류도프는 어물어물 말끝을 흐렸다.

"볼일이 없으면 그만 돌아가시지요."

네플류도프는 어쩔 수 없이 마차가 있는 곳으로 걸음을 옮겼다. 마부는 졸고 있었다. 그는 마부를 흔들어 깨워 다시 역으로 향했다. 얼마 가지 않아서 그는 총을 멘 또 다른 호송병이 뒤따르는 짐마차와 마주쳤다. 그 짐마차 위에는 숨이 끊어진 것처럼 보이는 죄수가 누워 있었다. 마부는 얼굴을 찡그렸으나, 네플류도프의 말에 따라 마차를 세웠다.

네플류도프는 그 짐마차를 따라 다시 경찰서로 갔다.

"오늘 벌써 두 사람째로군."

경찰서장이 어이없다는 듯이 중얼거렸다.

죄수의 시체는 먼젓번처럼 지하실로 옮겨졌다.

"무슨 일이라도 있소?"

마치 최면술에라도 걸린 것처럼 시체를 따라다니는 네플류도프를 보고 경찰관이 물었다. 그러나 네플류도프는 아무 대답도 하지 않았다.

네플류도프는 뭐라고 말할 수 없는 우울한 기분에 싸여 경찰서 마당을 거쳐 밖으로 나왔다. 그리고는 또다시 졸고 있는 마부를 깨웠다.

네플류도프가 역에 도착했을 때, 죄수들은 모두 쇠창살이 쳐진 열차에 올라타고 있었다. 몇몇 전송 나온 사람들이 플랫폼에 서 있었지만, 열차에 접근하는 것이 금지되어 있었기 때문에 아무도 다가오지 못하고 있었다.

감옥에서 역으로 오는 동안 네플류도프가 본 두 죄수 외에 세 명이 더 일사병으로 숨을 거두었다. 그 중 한 명은 앞서의 두 죄수들처럼 가까운 경찰서로 보내졌지만, 나머지 두 명은 역에서 죽었다. 호송병들은 그 뒤처리에 신경을 쓰느라고 전송객들이 열차 옆으로 가는 것을 금하고 있었던 것이다. 그러나 네플류도프는 호송 하사관에게 돈을 쥐어 주었기 때문에 열차 쪽으로 가는 일을 허락받았다.

"가능하면 빨리 용건을 끝내 주십시오. 상관 눈에 띄면 골치 아프니까요."

호송 하사관이 돈을 받으며 당부했다.

네플류도프는 열차로 다가갔다. 여덟 칸의 열차는 호송 장교가 타는 차량을 제외하고 모두 죄수들로 가득 차 있었다. 어느 칸이나 쇠고랑 소리와 싸우는 소리와 욕지거리로 소란스러웠다. 그러나 역으로 오다가 숨진 동료들에 대한 이야기는 없었다. 그들은 오직 마실 물과 앉을 자리를 다투느라 정신이 없었다.

네플류도프는 열차 안을 들여다보았다. 호송병들이 통로 가운데서 죄수들의 수갑을 풀어 주고 있었다. 죄수들이 손을 내밀면 한 호송병은 열쇠로 수갑을 풀어 주고, 다른 호송병은 그 수갑을 걷는 식이었다.

호송 하사관이 가르쳐 준 세 번째 칸 차창에 얼굴을 대자, 땀냄새가 밴 후끈한 열기와 함께 여죄수들의 높은 목소리가 새어 나왔다. 네플류도프는 고개를 이리저리 돌려 마슬로바를 찾았다. 여죄수들이 일제히 그를 쳐다보았다. 머릿수건을 풀고 웃옷을 걸친 마슬로바는 건너편 창가에 앉아 있었다. 네플류도프를 알아본 페도샤가 마슬로바의 옆구리를 쿡 찌르고는 손가락으로 창문을 가리켰다. 마슬로바는 자리에서 벌떡 일어나더니 머릿수건을 썼다. 그리고 빨갛게 달아오른 얼굴에 미소를 띤 채 네플류도프 쪽으로 다가왔다.

"참 더운 날이이에요."

마슬로바는 기쁜 듯 생긋 웃으며 말했다.

"물건은 받아 보았소?"

"네, 받았어요. 고마워요."

"더 필요한 건 없소?"

네플류도프는 열차 안에서 밀려 나오는 열기를 얼굴에 느끼며 물었다.

"별로 없어요. 정말 고마워요."

"마실 게 좀 있었으면……."

옆에 있던 페도샤가 수줍게 말했다.

"그래요, 마실 게 있었으면 좋겠어요."

마슬로바는 그제야 생각났다는 듯이 말했다.

"그럼 마실 물도 없단 말이오?"

"있었는데 벌써 동이 나 버렸어요."

"호송병에게 부탁하여 곧 보내 줄 테니 기다려요. 아마 니즈니에 도착할 때까지는 만나지 못할 거요."

"당신도 정말 가시는 건가요?"

마슬로바는 마치 지금까지 그 사실을 몰랐었다는 듯이 물었다. 그러다 곧 그의 말이 진심임을 알고는 기쁨에 찬 눈으로 네플류도프를 바라보았다.

"다음 열차로 갈 생각이오."

마슬로바는 아무 말도 하지 않고 가만히 한숨을 내쉬었다.

"나리, 죄수가 열두 명이나 죽었다는데, 그게 사실인가요? 그러고도 하늘이 두렵지 않은가? 악마 같은 놈들!"

늙은 여죄수 콜라브료바가 거친 목소리로 퉁명스럽게 말했다.

"열두 명까지는 몰라도, 두 명은 내 눈으로 직접 보았소."

그러면서 네플류도프는 차 안을 둘러보았다.

"여기 있는 사람들 중엔 환자가 없습니까?"

"여자들은 끄떡없어요. 그런데 한 여자가 아기를 낳으려 하고 있어요."

키가 작은 여죄수가 신음 소리가 들려오는 옆 찻간을 가리키며 말했다. 그 때, 마슬로바가 좋은 생각이 떠올랐다는 듯 밝은 표정을 지었다.

"당신이 아까 제게 뭐 필요한 게 없느냐고 물으셨죠? 저 여자를 다음 열차편으로 오게 할 수 없을까요? 너무 괴로워하고 있거든요. 꼭 좀 말해 주세요."

"알았소. 한번 부탁해 보겠소."

"그리고 페도샤를 남편과 만나게 해 주실 수 있으세요?"

마슬로바가 미소짓고 있는 페도샤를 가리키며 말했다.

"여보시오, 얘기하지 마시오!"

호송병이 네플류도프 쪽으로 다가오며 소리쳤다. 네플류도프가 돈을 준 그 호송병은 아니었다.

네플류도프는 차창에서 물러나, 아기 낳을 여자의 일을 부탁하기 위하여 호송 장교를 찾았다. 그러나 호송 장교는 쉽게 눈에 띄지 않았다. 호송병에게 물었으나, 열차가 떠나기 전에 처리해야 힐 문제들로 복잡해서 그런지 만족한 대답을 들을 수 없었다.

두 번째 벨이 울린 뒤에야 네플류도프는 겨우 호송 장교를 찾았다. 그는 뭉툭한 손으로 입가의 수염을 만지면서 호송병에게 무엇이라고 잔소리를 하고 있었다.

"무슨 일입니까?"

그가 네플류도프에게 무뚝뚝하게 물었다.

"열차 안에 해산하려는 여죄수가 있습니다. 내 생각엔 당신이……."

"아, 그냥 내버려 두십시오. 자연히 해결될 테니까요."

호송 장교는 네플류도프의 말을 끝까지 듣지도 않고 자기가 타고 갈 찻간 쪽으로 걸어갔다.

그 때, 손에 호각을 든 차장이 지나가고, 곧이어 마지막 벨과 호각 소리가 들려왔다. 플랫폼에 있던 전송 나온 사람들이 울음을 터뜨렸다. 여죄수들을 태운 찻간에서도 울음소리가 터져 나왔다. 네플류도프도 플랫폼에 서서 꼬리를 물고 움직이기 시작하는 열차를 바라보았다.

여자의 신음 소리가 들리는 두 번째 차량이 지나가고, 드디어 마슬로바가 탄 세 번째 차량이 지나갔다. 그녀는 다른 여죄수들과 마찬가지로 창가에 서서 네플류도프를 바라보며 서글픈 미소를 짓고 있었다.

새로운 사람들 속으로

네플류도프가 타고 갈 여객 열차는 두 시간 후에 출발하게 되어 있었다. 아침부터 여러 가지 일에 지나치게 신경을 쓴 탓인지 몹시 피곤하여, 그는 자기도 모르게 일등 대합실에서 깊은 잠에 빠져들었다.

얼마나 지났을까, 누가 조심스럽게 흔들어 깨우는 바람에 네플류도프는 깜짝 놀라 눈을 떴다.

"여보세요, 여보세요! 네플류도프 백작님이시지요? 어떤 부인이 찾고 계십니다."

그를 깨운 사람은 연미복 가슴에 배지를 달고 냅킨을 받쳐 든 역 구내 식당의 급사였다.

네플류도프는 자리에서 벌떡 일어나, 자기가 지금 어디 있는지, 또 오늘 아침에 무슨 일이 일어났는지 생각해 보았다. 죄수들의 행렬, 시체, 일사병으로 길바닥에 쓰러진 사람들, 아기를 낳으려고 진통을 겪는 여죄수, 그리고 쇠창살 속에서 서글픈 미소를 짓던 마슬로바의 얼굴이 스쳐 갔다. 그러나 지금은 술병과 꽃병과 촛대와 식기가 놓여 있는 식탁이 있었고, 그 옆으로 급사들이 바삐 오가고 있었다.

네플류도프는 정신을 가다듬고 주위를 둘러보았다. 그 때, 문 쪽에서 사방을 살피며 식당으로 들어오는 여인이 있었다. 바로 네플류도프의 누나인 나탈리아 이바노브나였다.

네플류도프를 발견한 나탈리아 이바노브나는 아그라페나 페트로브나와 함께 다가왔다.

"드디어 찾았구나."

나탈리아 이바노브나가 말했다.

"여기까지 와 주어서 고마워요."

네플류도프가 말했다.

"벌써 오래 전에 왔단다. 아그라페나 페트로브나와 함께……."

그녀는 두 남매의 만남에 방해가 되지 않으려고 조금 떨어져 서 있는 아그라페나 페트로브나를 가리키며 말했다.

아그라페나 페트로브나는 네플류도프에게 고개를 숙여 인사를 했다.

"앉아 있다가 그만 잠이 들었어요. 아무튼 이렇게 와 줘서 고마워요. 그런데 누님, 오늘……, 두 죄수가 살해당하는 것을 보았어요."

네플류도프는 갑자기 두 번째 죄수의 시체를 생각하며 말했다.

"어떻게 살해되었는데?"

"이 더위에 끌려다니다가 살해된 거죠. 일사병으로 두 명이 쓰러졌으니까요. 허무한 죽음이었어요."

"아니, 오늘 말이냐?"

"네, 지금 바로 그 시체들을 보고 오는 길입니다."

"아아, 불쌍하게도!"

그녀는 그 죽음의 의미가 무엇인지 잘 모르면서도 동생의 진지한 표정에 이끌렸다.

"우리는 그런 불행한 사람들이 어떻게 취급받고 있는지 조금도 모르고 있었어요. 이제 그러한 것들을 외면해서는 안 됩니다."

네플류도프는 단호하게 말했다.

"그런데 넌 앞으로 어떻게 할 작정이냐?"

"불행한 사람들을 위해 할 수 있는 일이라면 뭐든지 하겠어요. 지금은 뭐라고 단언할 수 없지만……."

"그래, 알겠다. 코르차킨 공작 따님과의 일은 완전히 끝난 거냐?"

나탈리아 이바노브나가 네플류도프의 눈치를 살피며 물었다.

"네, 깨끗이 끝냈어요."

"가슴 아픈 일이구나. 나는 그 아가씨가 좋았는데……. 하지만 일이 그렇게 되었다면 어쩔 수 없지. 그런데 너는 무엇 때문에 떠나려는 거냐? 왜 자신을 속박하려 하는 거지?"

"가야 하기 때문에 가는 겁니다."

네플류도프는 더 이상 그 문제에 대해서는 이야기하고 싶지 않다는 듯 단호하게 말했다. 그러나 곧 누이에게 냉정했던 것을 뉘우쳤다.

"누님은 카추샤와 결혼하려 하는 제 속마음을 알고 싶으신 거죠? 아무튼 전 이미 결심했어요. 물론 그녀는 거절하고 있죠. 내 희생을 원치 않는다는 뜻입니다. 그녀는 그런 상황 속에 있으면서도 오히려 나보다 더 많이 나를 위해 희생하고 있습니다. 그래서 난 그녀가 어디로 가든 끝까지 따라가 할 수 있는 한 도와주고, 그녀의 운명의 짐을 덜어 줄 작정입니다."

자신의 결심을 이야기하는 네플류도프의 목소리는 떨리고 있었다.

나탈리아 이바노브나는 아무 말도 하지 않았다. 아그라페나 페트로브나는 이해할 수 없다는 듯 나탈리아 이바노브나의 표정을 살피며 고개를 저었다.

열차 출발 시간이 가까워지자, 네플류도프는 두 사람과 함께 플랫폼으로 나왔다. 그는 자기의 짐을 가진 인부와 함께 왼쪽으로 걸어갔다.

"삼등차로 가는 거냐?"

네플류도프가 짐을 가진 인부와 함께 삼등차에 올라타는 것을 보고 나탈리아 이바노브나가 물었다.

"이렇게 하는 게 마음이 편하니까요. 그리고 한 가지 얘기할 게 있는데, 쿠즈민스크에 있는 땅은 아직 농민들에게 나누어 주지 않았으니, 제가 죽으면 누님의 아이들이 상속받게 될 겁니다."

"드미트리, 그런 소리 말아라."

나탈리아 이바노브나는 네플류도프의 말을 가로막았다.

"만일 내가 토지를 모조리 농민들에게 나누어 준다고 해도, 토지를 제외한 모든 재산은 아이들 소유가 될 것입니다. 어쩌면 나는 결혼하지 못하게 될지도 모르고, 또 결혼한다고 해도 아이는 없을 테니까 말입니다."

"드미트리, 제발 그런 얘긴 그만둬."

말은 그렇게 했으나, 네플류도프는 누이가 속으로는 몹시 기뻐하고 있다는 것을 눈치챘다.

네플류도프는 후텁지근하고 악취가 풍기는 열차 안으로 들어갔다가, 다시 나와 나탈리아 이바노브나와 작별했다.

열차는 곧 떠났다. 하루 종일 햇볕을 받은데다 승객들로 가득 찬 삼 등차 안은 뜨거운 열기로 숨이 막힐 지경이었다. 네플류도프는 안으로 들어가지 않고 승강구에 머물러 있었다. 숨쉬기가 곤란하기는 그 곳도 마찬가지였다. 그러나 열차가 거리를 벗어나 시원하게 트인 들판을 달리자, 비로소 숨통이 트이는 것 같았다.

네플류도프는 승강구에 기대앉아 오늘 본 죄수들의 죽음에 대해 생각해 보았다.

'그들은 정말 살해된 것이다. 하지만 중요한 것은, 아무도 그들을 살해했다고 생각하지 않는다는 것이다. 그들을 죽음으로 내몬 사람들은 그저 관례대로, 혹은 명령대로 했을 뿐인 것이다. 어떤 상황에 처하더라도 우리에게 가장 중요한 것은 인간애다. 만일 그것을 모른다면 죄를 지으면서도 결코 그것이 죄라는 것을 깨닫지 못하고, 아무런 죄책감도 느끼지 못할 것이다.'

깊은 생각에 빠져 있었기 때문에 네플류도프는 날씨가 변한 것도 깨닫지 못했다.

이글거리던 태양이 낮게 드리워진 구름 속으로 숨었다. 구름은 점점 낮게 가라앉더니, 이윽고 비를 뿌렸다. 비스듬히 내리치는 빗줄기가 네플류도프의 코트를 적셨다.

"더 쏟아지려무나!"

네플류도프는 비를 맞아 생기를 되찾은 밭과 들을 바라보며 이렇게 중얼거렸다.

그는 찻간으로 들어가 자리에 앉았다. 하인, 직공, 농부, 노동자, 점원, 그 밖에 농부의 아내, 병사들이 앉아 있었다. 그들은 해바라기 씨를 까먹거나 담배를 피우면서 옆자리의 승객과 열심히 이야기를 나누고 있었다.

생활에 대해 진지한 대화를 나누고 삶에 대한 신념에 차 있는 그들의 태도에 네플류도프는 마음속으로 깊은 감동을 느꼈다. 가식과 허세가 없는 순박하고도 인간미 넘치는 그들의 생활 태도에 감동한 것이다.

네플류도프는 농부와 노동자들의 여윈 팔다리와 소박한 옷차림, 햇볕에 그을리고 피곤에 지친, 그러면서도 온화한 그들의 모습을 물끄러미 바라보았다.

'그렇다. 이것이야말로 새로운 나의 세계다.'

네플류도프는 노동을 함으로써 기쁨과 고통을 직접 겪고 느끼는 사람들 속에 자기가 섞여 있는 것을 느꼈다. 그것은 정말 완전히 새롭고 다른 세계였다.

훌륭한 사람들

마슬로바를 포함한 죄수 일행은 모스크바에서 약 5천 킬로미터나 떨어져 있는 페르미까지 왔다. 네플류도프가 힘을 써서 마슬로바는 정치범 대열로 옮겼다.

마슬로바는 페르미까지 오는 동안 육체적으로나 정신적으로 지극히 고달프고 괴로웠다. 우선 너무나 비좁고 지저분한데다 빈대나 벼룩이 사정없이 달려들어 잠을 제대로 잘 수가 없었다. 게다가 짓궂은 사내들로부터 당하는 굴욕은 도저히 견딜 수가 없었다.

정치범 쪽으로 옮기면서 마슬로바의 몸과 마음은 한결 편안해졌다. 정치범들은 잠자리나 식사에서도 훨씬 나은 대접을 받았고, 또 호송병들로부터 거칠게 다루어지는 일도 적었다. 그리고 무엇보다도 남자들이 따라다니는 일이 없어져, 잊으려고 애쓰던 자신의 과거를 줄곧 생각하지 않고 지낼 수가 있었다. 또 새로운 사람들을 알게 되어 그들로부터 감화를 받았다는 것도 다행한 일이었다.

마슬로바가 정치범들과 함께 있을 수 있는 시간은 밤에 잠잘 때뿐이었다. 그녀는 건강한 죄수였으므로, 낮에는 형사범들과 똑같이 행동해야 했던 것이다.

마슬로바 외에 그녀처럼 도보 행렬에 낀 정치범이 두 사람 있었다. 어린 양처럼 순한 눈을 가진 아름다운 여자 마리아 파블로브나 시체치니나와, 눈이 쑥 들어가고 헝클어진 머리에 수염이 텁수룩한 블라디미르 이바노비치라는 젊은 혁명가였다.

마리아 파블로브나는 임신 중인 여죄수에게 마차에 있는 자기 자리를 양보하고 도보 행렬에 끼게 되었고, 블라디미르 이바노비치는 정치범이라는 이유로 특별 대우를 받는 것은 불공평하다고 생각하고 자진해서 행렬에 끼어들었다. 그래서 이 세 사람은 마차로 늦게 출발하는 다른 정치범들과 떨어져 형사범들과 함께 떠났다.

찬바람이 불고, 눈과 비가 번갈아 내리는 9월의 아침이었다. 호송병들은 남죄수 400명과 여죄수 50명을 숙박소 마당에 모아 놓고 이틀치 식량을 나누어 주고, 식량을 다 받은 죄수들은 숙박소 마당으로 물건을 팔러 온 아낙네들에게 먹을 것을 사고 있었다.

숙박소 마당은 값을 조금이라도 더 깎고 덤 하나라도 더 받으려고 아우성치는 죄수들의 목소리와 물건을 빼앗기지 않으려는 아낙네들의 시끄러운 고함 소리로 가득 찼다.

마슬로바와 마리아 파블로브나는 짧은 털코트에 수건을 쓰고 가죽 장화를 신은 채 숙박소에서 나와 물건 파는 아낙네들 쪽으로 갔다. 바람을 피해 담장 밑에 앉은 아낙네들은 서로 자기네 물건을 사라고 지나가는 죄수들을 끌어당겼다. 그녀들 앞에는 금방 구운 빵과 만두, 생선, 수프, 쇠고기, 계란, 우유 따위가 즐비하게 놓여 있었다. 어떤 아낙네 앞에는 통째로 구운 돼지 새끼 한 마리가 놓여 있기도 했다.

마슬로바는 달걀 몇 개와 도넛, 생선, 갓 구운 빵 등 새로 산 음식물을 자루에 넣었다. 마리아 파블로브나가 돈을 치르고 있을 때, 호송 장교가 나타나더니 출발 준비 지시를 내렸다. 그러자 물건을 흥정하던 죄수들은 부리나케 제자리로 가서 정렬했다. 호송 장교는 다시 떠나기 전의 마지막 주의 사항을 되풀이했다. 여느 때와 마찬가지로 인원 점검에 이어 쇠사슬과 수갑 검사가 있었다. 그런데 갑자기 호송 장교의 노기에 찬 고함 소리와 함께 사람을 때리는 소리, 어린아이의 울음 소리가 뒤범벅이 되어 들려왔다. 그 순간 주위가 조용해졌으나, 곧 사람들 사이에서 웅성거리는 불만의 소리가 새어 나오기 시작했다.

마슬로바와 마리아 파블로브나가 소리난 쪽으로 가 보니, 체격이 좋은 장교가 얼굴을 잔뜩 찌푸리고는 상스럽고 거친 욕설을 퍼부어 대고 있었다. 그 장교 앞에는 머리를 반쯤 깎인, 키가 크고 바짝 마른 남자 죄수가 얻어맞아 피가 흐르는 얼굴을 한 손으로 감싸쥔 채, 다른 한 손으로는 울어 대는 여자아이를 안고 서 있었다.

"뭘 꾸물대고 있어? 어서 이 계집애를 여자들에게 데려다 주란 말이야! 그리고 빨리 수갑을 차!"

호송 장교는 여전히 상스러운 욕설을 퍼부으며 소리를 질렀다.

부락 회의에서 추방령을 받고 유형을 가는 이 죄수는, 돔스크에서 티푸스로 아내를 잃은 이래 줄곧 어린 딸을 안고 왔다. 그런데 이 날따라 기분이 좋지 않은 호송 장교가 그에게 수갑을 차라고 하자, 수갑을 차고는 도저히 아이를 안을 수 없다며 사정을 하다가 그만 봉변을 당한 것이다. 장교는 호송병에게 아이를 빼앗고 얼른 수갑을 채우라고 다시 명령을 내렸다.

주위에 모여 있던 죄수들이 술렁거리며 저마다 한 마디씩 했다.

"돔스크에서 아내를 잃고부터는 수갑을 차지 않고 왔잖소!"

누군가 뒤쪽에서 쉰 목소리로 외쳤다.

"강아지가 아니라 사람의 자식이란 말이오!"

"어린애를 어디로 보내란 말이오?"

"그런 법이 어디 있어?"

"뭐, 누구야? 지금 말한 놈이 어떤 놈이야?"

장교는 마치 벌에 쏘이기라도 한 듯 펄쩍 뛰면서 죄수들의 대열 속으로 뛰어들었다.

"법이 뭔지 내가 가르쳐 주지! 누구냐? 너냐? 네놈이냐?"

"우리 모두가 말한 거지요. 이거 너무……."

얼굴이 둥그스름한 죄수가 나지막한 목소리로 대꾸했다. 그러나 그 말이 채 끝나기도 전에 장교는 그 죄수를 때리기 시작했다.

"네놈들이 폭동을 일으키려고? 어디 해 볼 테면 해 봐! 눈에 띄는 대로 개처럼 때려 죽일 테니까. 야, 얼른 계집애를 빼앗으라니까!"

장교가 소리쳤다.

죄수들은 모두 입을 다물고 원망에 가득 찬 눈초리로 장교를 쏘아보고 있었다.

한 호송병이 발버둥치며 울부짖는 아이를 떼어 놓자, 다른 호송병이 고분고분하게 내민 죄수의 손에 수갑을 채웠다.

"여자들한테로 데리고 가!"

장교는 장검에 매달린 가죽끈을 만지작거리며 다시 소리쳤다.

이이는 얼굴이 새빨개진 채 울부짖으며 버둥거렸다. 그 때, 죄수들 틈에서 마리아 파블로브나가 앞으로 나섰다.

"장교님, 제가 이 아이를 데리고 가도 될까요?"

"넌 뭐야?"

"정치범이에요."

장교는 아름다운 눈을 가진 마리아 파블로브나의 화사한 얼굴을 보면서 잠시 생각하더니, 약간 화가 누그러진 듯 말했다.

"원한다면 마음대로 해! 하지만 녀석이 도망이라도 가면 어쩔 텐가?"

"어린애가 있는 사람은 도망가지 않아요."

마리아 파블로브나가 날카로운 목소리로 대답했다.

장교는 대꾸할 말이 없는 듯 잠시 어물거리더니, 내뱉듯이 말했다.

"나는 너하고 더 얘기할 시간이 없어. 데리고 가고 싶으면 빨리 데리고 가!"

"이 여자에게 주어도 좋습니까?"

아이를 안고 있던 호송병이 물었다.

"내줘!"

"자, 이리 온."

마리아 파블로브나가 아이를 어르며 말했다. 그러나 아이는 계속 울며 제 아버지에게 가려고 발버둥쳤다.

"잠깐, 어쩌면 나한테는 올지도 몰라요."

마슬로바는 봉지에서 도넛을 꺼내며 말했다.

마슬로바를 이미 알고 있던 아이는 그 얼굴과 도넛을 보자 얼른 그녀에게로 왔다.

죄수들이 잠잠해지자, 호송병들은 다시 인원을 점검하고 짐마차에 배낭을 실어 밧줄로 묶은 뒤 환자들을 태웠다. 마슬로바와 마리아 파블로브나는 나란히 여죄수들의 행렬 속으로 끼여들었다.

그 때, 블라디미르 이바노비치가 모든 지시를 끝내고 마차로 올라가려는 호송 장교에게로 다가갔다.

"여보, 장교님! 당신은 정말 너무했소. 어떻게 그럴 수가 있소?"

"또 뭐야? 제자리로 가 있어. 이런 건 네가 나설 문제가 아니잖아!"

"전 당신의 행위가 옳지 않았다는 것을 알려 주고 싶을 뿐입니다."

블라디미르 이바노비치는 짙은 눈썹 밑으로 매섭게 장교를 노려보면서 말했다.

"자, 준비가 다 됐나? 앞으로 갓!"

장교는 그를 무시한 채 이렇게 명령을 내리고는 자기 마차에 올라탔다. 곧이어 죄수들의 긴 행렬이 움직이기 시작했다.

마슬로바는 정치범들과 함께 지내면서 힘들고 불편한 점도 많았으나, 마음만은 어느 때보다 즐거웠다. 무질서하고 사치스러웠던 지난 6년 동안의 나태한 도시 생활과, 부자유스럽고 고난에 찬 2개월의 감옥 생활을 형사범들과 보낸 것과 비교하면, 정치범들과의 생활은 처해 있는 환경이 몹시 고달프기는 해도 매우 즐거웠다.

더구나 형사범들과 지낼 때보다 좋은 식사에, 하루 20킬로미터에서 30킬로미터 정도, 그것도 이틀 걷고 하루 쉬곤 했기 때문에 건강도 아주 좋아졌다. 또 새로운 동료들과의 교제는 그녀에게 인생의 새로운 면을 알려 주었다.

'유형 판결을 받았을 때 나는 너무 슬퍼서 울었다. 하지만 지금은 하느님께 감사를 드려야 해. 어쩌면 한평생 모르고 지냈을지도 모를 일들을 비로소 알게 되었으니까.'

마슬로바는 생각했다.

그녀는 정치범들이 가난한 사람들의 편이 되어 그들을 괴롭히는 귀족들에게 대항하기 위해 일어섰다는 사실을 알게 되었다. 그들은 자신들의 재산과 지위와 목숨을 아끼지 않고 귀족들과 싸우려 했던 것이다. 이런 상황을 알게 된 마슬로바는 그들을 높이 평가하고, 마음속으로부터 존경하고 찬양하게 되었다.

그 중에서도 마슬로바는 특히 마리아 파블로브나를 좋아했다. 그녀는 장군의 딸로 부유한 집안에서 자라 3개 국어에 능통했으나, 마치 노동자처럼 거리낌없이 행동했다. 그리고 자신의 옷이나 신발이 다 낡았음에도 불구하고, 집에서 보내 주는 물건들을 아낌없이 주위 사람들에게 나누어 주는 것을 보고 마슬로바는 감동했다.

"철이 들고 커감에 따라 나는 차츰 상류 사회 생활의 모순을 알게 되었어. 어머니는 내가 어릴 때 돌아가셨고, 아버지는 싫었어. 그래서 난 열아홉 살 때 집을 나와 친구와 함께 공장에서 일했었지."

언젠가 마리아는 이렇게 자신에 대해서 말했다.

그 후 그녀는 공장을 그만두고 시골에서 잠시 쉬었다가 다시 도시로 나와 비밀 인쇄소에서 일했는데, 그 곳에서 체포되어 유형 판결을 받았다. 주위 사람들의 말에 의하면, 인쇄소가 수색을 당할 때 다른 동지가 어둠 속에서 헌병에게 총을 쏘았는데, 그녀가 대신 나서서 그 죄를 뒤집어썼다는 것이었다.

마리아 파블로브나는 항상 자신의 몸은 돌보지 않고 남을 도와주기만 했다. 마치 사냥꾼이 새나 짐승을 찾아다니듯 그녀는 도와줄 사람들을 찾아다녔다. 그녀는 그런 일을 매우 자연스럽게 했으므로, 도움을 받는 사람들은 당연한 것처럼 그것을 받아들였다.

마슬로바가 정치범 쪽으로 옮겨 갔을 때, 마슬로바는 마리아 파블로브나가 자기를 불쾌하고 더러운 여자로 생각하고 있다는 것을 알았다. 하지만 얼마 지나지 않아 유달리 자기에게 부드럽고 상냥하게 대하려 애쓴다는 것도 알게 되었다. 마슬로바는 마리아 파블로브나의 이런 태도에 깊은 감동을 받아, 자기도 모르는 사이에 그녀의 생각과 말과 행동을 따르게 되었다.

마슬로바는 또 정치범인 블라디미르 이바노비치가 자기에게 호감을 가지고 있다는 것을 눈치챘다.

중학교 시절 블라디미르 이바노비치는 경리 관리였던 아버지가 부정한 방법으로 재산을 모은 것을 알고, 그 재산을 민중에게 나누어 줄 것을 건의했다. 그러나 아버지는 재산을 나누어 주기는커녕 오히려 심하게 꾸지람만 했다. 그 때 집을 뛰쳐나온 후로는 한 번도 아버지를 만나지 않았다.

그는 현재 존재하고 있는 모든 악은 백성들이 교육을 받지 못했기 때문에 생기는 것이라 믿고, 농촌에서 교사 생활을 하면서 농민들에게 자기가 믿는 바를 가르치고, 그릇된 현실을 신랄하게 비판했다. 그러다가 체포된 그는, 재판 당시 재판관은 자기를 재판할 권리가 없다고 하면서 묻는 말에 전혀 대답을 하지 않았다. 평소에는 얌전하고 겸손한 그였지만, 일단 결정을 내린 다음에는 아무도 그를 말리지 못했다.

마슬로바는 여자만이 지니는 직감으로 블라디미르 이바노비치가 자기를 사랑하고 있다는 것을 알았으며, 그와 같이 훌륭한 남자로부터 사랑을 받는 것에 대해 상당한 자부심을 느꼈다. 네플류도프는 그 어진 마음씨와 과거의 잘못 때문에 그녀에게 용서를 바라고 청혼했으나, 블라디미르 이바노비치는 그녀의 현재 모습 그대로를 사랑하는 것이었다.

마슬로바는 생각했다.

'저분은 내가 보통 사람보다 훌륭하고 마음이 깨끗한 여자라고 생각하고 있는 모양이야. 약간 부담스럽긴 하지만, 그분을 실망시키지 않기 위해서라도 '나는 있는 힘을 다하여 노력해야겠다.'

순결한 마음

네플류도프는 죄수 대열이 페르미에 도착할 때까지 마슬로바를 두 번밖에 만나지 못했다. 그런데 그 두 차례의 면회에서 그는 그녀가 무엇 때문인지 모르지만 자기를 꺼리고 있다는 것을 알았다. 기분은 좀 어떤가, 필요한 물건은 없는가 하고 물어도, 그녀는 머뭇거리며 시원스럽게 대답을 하지 않았다.

네플류도프는 처음엔 그녀가 다시 자기를 미워하는 것은 아닌가, 과거의 생활로 되돌아가는 것은 아닌가 걱정했다. 그러나 그녀는 정치범들 쪽으로 옮기고 난 다음에는 달라졌다. 그는 자기가 쓸데없는 걱정을 했다는 것을 알았다. 그녀를 면회할 때마다 그녀는 자기가 바라는 방향으로 뚜렷하게 변화되어 가고 있었던 것이다.

돔스크에서 만났을 때, 마슬로바는 네플류도프를 순진하고 반갑게 맞으면서 자기를 여러 가지로 도와준 데 대해, 특히 지금 있는 사람들과 함께 지낼 수 있게 해 준 것에 대해 감사의 말을 했다.

두 달 동안 행군하는 사이에 마슬로바는 많이 달라졌다. 햇볕에 타고 여위어 나이가 들어 보였지만, 옷차림이나 머리 모양, 그리고 행동은 예전과 달리 얌전하고 단정해졌다. 네플류도프는 그녀의 그와 같은 변화에 말할 수 없는 기쁨을 느꼈다.

'불쌍한 카추샤를 어떻게 해서든 행복하게 해 주어야 한다.'

네플류도프는 전과는 좀 다른, 일시적이 아닌 감정으로 그녀를 생각하게 되었다. 이 감정은 네플류도프의 마음속에 있는 사랑의 흐름에 출구를 마련해 주었다. 그리하여 그는 마슬로바뿐만 아니라, 자기가 만나는 모든 사람들을 한없는 연민과 사랑을 가지고 대하게 되었다.

어린아이를 안고 가는 문제로 호송 장교와 죄수들 사이에 문제가 있었던 날, 마슬로바를 만나러 갔던 네플류도프는 뜻밖의 사실을 알게 되었다.

네플류도프는 늦잠을 잔데다가 현청 소재지로 부칠 편지를 몇 통 쓰느라고 다른 날보다 늦게 여관을 나왔다. 그래서 그 날은 도중에 죄수들을 만나지 못하고, 해가 진 다음에야 겨우 죄수들이 숙박하는 마을에 도착했다.

네플류도프는 그 마을 여인숙으로 가서 우선 젖은 옷을 말렸다. 그리고 차분한 기분으로 차를 한 잔 마시고, 면회 허가를 받기 위해 장교 숙소로 향했다.

지금까지 여섯 군데의 숙박소를 지나 오는 동안, 호송 장교가 여섯 번이나 바뀌었다. 그런데 신임 지휘관들은 하나같이 죄수들의 면회를 금했기 때문에, 네플류도프는 벌써 일주일 이상이나 마슬로바를 만나지 못했다.

그는 거리가 멀어서 마차로 가야 한다는 여인숙 여주인의 권유를 뿌리치고 걷기로 했다. 그러자 젊은 하인이 길 안내를 자청하고 나섰다. 길은 발목까지 빠질 정도로 질었고, 게다가 짙은 안개로 앞이 잘 보이지 않았다. 가까스로 숙소에 도착했을 때는 주위가 완전히 어두워졌다.

통나무 울타리 안에 같은 구조의 단층 건물 세 채가 서 있는 것이 보였다. 창문에 창살이 있는 가장 큰 건물이 죄수들의 숙소였고, 두 번째가 호송 부대용, 세 번째가 장교용과 사무실이었다.

네플류도프는 병사의 안내를 받아 장교 숙소로 들어섰다. 식탁 위에는 먹다 남은 음식과 술병이 놓여 있고, 그 앞 의자에는 체격이 크고 금빛 수염을 텁수룩하게 기른 장교가 앉아 있었다. 그는 술을 마셔서 그런지 얼굴이 불그스름했다.

네플류도프가 들어가자, 장교는 약간 몸을 세우면서 의아한 표정으로 쳐다보았다.

"무슨 일입니까?"

"어떤 여죄수를 면회하려고 하는데, 허락을 받으러 왔습니다."

네플류도프는 자리에 선 채 정중하게 말했다.

"정치범인가요? 정치범에 대한 면회는 금지되어 있습니다."

장교가 말했다.

"그 여자는 정치범은 아닙니다."

장교는 의자를 권했다.

"좀 앉으시지요."

네플류도프는 자리에 앉으면서 말을 이었다.

"정치범은 아닌데, 정치범들과 함께 지내도록 당국의 허가를 받았습니다."

"아, 알겠습니다. 까무잡잡한 피부에 자그마한 여자 말씀이지요? 그 여자라면 면회가 가능합니다."

"감사합니다. 지금 곧 만났으면 합니다만……."

"밤이 기니 시간은 넉넉하지 않겠습니까? 이봐, 베르노프! 이분을 정치범 숙소로 모시고 가게. 점호 때까지 면회해도 좋으니까."

네플류도프는 병사의 안내를 받아 어두운 마당으로 나갔다. 정치범들이 있는 건물 가까이 가니, 사람들이 웅성거리는 소리가 들려왔다. 150명을 수용하게 되어 있는 건물에 450명을 수용하고 있었으므로, 그 비좁기란 이루 말할 수가 없었다.

복도 안쪽에 있는 두 개의 작은 방이 정치범들의 숙소였다. 네플류도프가 칸막이가 된 복도로 들어서자, 페치카 앞에 블라디미르 이바노비치가 소나무 장작을 들고 앉아 있었다. 그는 네플류도프를 보고 반갑다는 듯 손을 내밀었다.

"만나뵙고 싶었는데, 마침 잘 오셨습니다."

그는 네플류도프의 눈을 똑바로 쳐다보며 말했다.

"무슨 일이 있습니까?"

"나중에 말씀드리겠습니다. 지금은 이 일을 해야 하니까요."

블라디미르 이바노비치는 다시 불을 때는 일을 했다.

네플류도프가 첫 번째 방으로 들어가려고 할 때, 맞은편 방에서 마슬로바가 나왔다. 그녀는 빗자루를 손에 들고 허리를 구부린 채 쓰레기를 쓸어 내고 있었다. 네플류도프를 본 순간, 마슬로바의 얼굴이 붉어졌다. 그녀는 허리를 펴고 일어서더니, 손을 치맛자락에 닦으면서 다가왔다.

"청소하고 있었소?"

네플류도프가 손을 내밀며 물었다.

"네, 전부터 하던 일인걸요. 먼지가 말할 수 없이 많아요."

마슬로바가 웃으면서 말했다.

그리고 그녀는 블라디미르 이바노비치를 향해 담요는 다 말랐느냐고 물었다. 블라디미르 이바노비치는 네플류도프가 당황할 정도의 다정한 눈으로 그녀를 바라보며 고개를 끄덕였다.

"그럼 그건 가져가고 털외투를 내다 말려야겠네요……. 우린 모두 이 곳에 있어요."

그녀는 아직도 난로의 열기가 스며들지 않아 춥고 습기찬 방으로 네플류도프를 안내하고, 자신은 청소를 계속했다.

나무 침대 위에 놓여 있는 램프가 주변에 놓인 물건들을 희미하게 드러내 주는 작은 방은 담배 냄새로 가득 차 있었고, 더운 물과 식사를 가지러 간 남자 죄수를 제외하고는 다들 앉아 있었다.

"우리 당신이 벌써 러시아로 돌아가신 줄 알고 있었어요."

웃는 얼굴이 매력적인 에밀리아 란체바가 커피잔과 컵을 씻으면서 말했다.

방 한구석 어두컴컴한 곳에서 어린 계집아이와 놀고 있던 마리아 파블로브나도 반갑게 인사를 했다.

"어서 오세요, 오랜만이네요. 카추샤를 만나 보셨어요?"

네플류도프는 가볍게 고개를 끄덕이며 미소를 지어 보였다.

크르일리초프가 한구석에 놓인 나무 침대에 걸터앉아 오들오들 떨고 있었다. 폐결핵을 앓고 있는 그는 초점을 잃은 눈으로 네플류도프를 바라보았다.

"건강은 좀 어떻습니까?"

네플류도프가 그에게 손을 내밀며 물었다.

"네, 괜찮습니다. 그런데 여긴 정말 지독하게 춥군요. 그 동안 통 뵐 수가 없었는데, 무슨 일이 있었나요?"

"규칙을 엄격하게 적용하는 바람에 도무지 면회를 할 수가 없었습니다. 오늘에야 겨우 친절한 장교를 만나 허가를 받았습니다."

네플류도프는 조금 전에 호송 장교를 만나 허가를 받은 이야기를 들려주었다.

"친절한 장교라고요? 오늘 아침에 그자가 어떤 짓을 했는지 마리아에게 물어 보십시오."

크르일리초프가 내뱉듯이 말하고 마리아 파블로브나를 쳐다보았다.

마리아 파블로브나는 자기 자리에 앉은 채 오늘 아침 숙박소를 떠날 때 아이 때문에 일어났던 일을 들려주었다.

"제 생각 같아서는 모두 단결해서 항의서를 제출할 필요가 있을 것

같아요. 블라디미르 이바노비치가 그 자리에서 항의했지만, 들은 척
도 하지 않았어요."

청소를 끝낸 마슬로바가 블라디미르 이바노비치와 다른 여자들과 함
께 방으로 들어왔다.

난롯불이 달아 열을 내기 시작하자 방 안이 훈훈해졌다. 그들은 컵과
찻잔에 끓인 물을 따라 우유를 넣고 도넛과 갓 구운 빵, 삶은 계란, 버
터, 송아지 다리 따위를 나무 침대 위에 늘어놓았다.

그들은 침대가에 모여 앉아 먹고 마시고 이야기를 나누었다. 행군 중
에 느낀 추위와 습기, 그리고 이 곳에 도착했을 때의 무질서와 불결, 이
런 모든 것들을 처리한 다음의 뜨거운 차와 식사는 더할 수 없이 그들
을 기쁘게 해 주었다.

네플류도프는 마슬로바와 개인적으로 이야기할 수 있을 때를 기다리
면서, 크르일리초프 옆에 앉아 있었다.

그런데 옆 감방에서 호송병들의 목소리가 들리더니, 곧 하사관이 두
명의 호송병을 거느리고 들어왔다. 점호 시간이었던 것이다. 한 사람씩
손가락으로 세어 가던 하사관은 네플류도프 앞에 와서 나지막한 소리로
말했다.

"백작님, 점호가 끝나는 대로 나가셔야 합니다."

네플류도프는 그 말의 뜻을 잘 알고 있었으므로, 미리 준비했던 3루
블을 그의 손에 쥐어 주었다.

"백작님한테는 정말 당할 수가 없군요. 그러시다면 더 머물러 계셔도
좋습니다."

네플류도프에게서 돈을 받아 든 하사관은 히죽 웃으면서 마치 선심이
라도 쓰듯 말했다.

하사관과 호송병들이 나가자, 침대 한구석에서 팔베개를 하고 누워

있던 블라디미르 이바노비치가 벌떡 일어나더니, 슬며시 네플류도프에게로 다가갔다.

"제 말씀을 좀 들어주시겠습니까?"

"그러시죠."

네플류도프는 그의 뒤를 따라 일어섰다. 네플류도프와 눈이 마주친 마슬로바는 얼굴을 붉히면서 걱정스러운 표정을 지었다.

"다름이 아니라 카추샤에 관한 이야긴데……."

복도로 나온 블라디미르 이바노비치는 이렇게 말을 꺼냈다.

복도에서는 형사범들이 고함을 지르며 떠드는 소리가 더 뚜렷하게 들렸다.

"저는 당신과 카추샤와의 관계를 알고 있습니다. 그래서 당신에게 말해야겠다고 생각했습니다."

블라디미르 이바노비치는 선해 보이는 눈으로 네플류도프를 뚫어지게 바라보며 말했다.

"대체 무슨 말씀이죠?"

네플류도프가 호의를 담은 눈으로 그를 마주 보며 물었다.

"저……. 그러니까 저는 카추샤에게 청혼할 생각입니다."

블라디미르 이바노비치의 말에 네플류도프는 몹시 당황했다. 그러나 겉으로는 아무렇지도 않은 듯 말했다.

"그야 제가 무슨 말을 할 수 있겠습니까? 그런 문제는 카추샤의 마음에 달렸는데……."

"그렇습니다. 하지만 그녀는 당신한테 물어 보지 않고는 이 문제를 결정할 수 없을 겁니다."

"그건 왜죠?"

"당신과의 관계가 확실하게 결정되지 않고는 어떤 선택도 못할 테니까요."

"그 문제에 대한 제 입장은 분명합니다. 저는 다만 의무라고 생각하는 것을 실천하고, 그녀의 처지를 지금보다 낫게 해 주고 싶을 뿐, 그녀를 구속하거나 간섭할 생각은 전혀 없습니다."

"그러시겠죠. 하지만 그녀는 당신의 희생을 바라고 있지 않습니다."

"아니, 이건 희생이 아닙니다. 나는 정신적으로 자유가 없는 몸이지만, 그녀는 무엇을 하든 자유입니다."

블라디미르 이바노비치는 잠시 말없이 생각에 잠겨 있다가 이윽고 입을 열었다.

"좋습니다. 그녀에게 그렇게 전하지요. 그녀는 온갖 고생을 다 겪어 왔지만, 마음만은 그렇게 깨끗할 수가 없습니다. 오직 그녀를 도와서 지금보다 처지를 편하게 해 주고 싶을 뿐입니다. 그녀가 승낙만 한다면, 저는 그녀의 유형지로 함께 갈 생각입니다. 4년이란 그리 긴 시간이 아니니까요. 저는 그녀 곁에서 그 운명의 짐을 덜어 주고 싶은……."

블라디미르 이바노비치는 흥분으로 목이 메어 말을 잇지 못했다.

"그렇다면 제가 무슨 말을 할 수 있겠습니까? 저는 그녀가 당신과 같은 훌륭한 보호자를 갖게 된 것을 진심으로 기쁘게 생각합니다."

네플류도프가 침착한 목소리로 말했다.

"아무튼 모든 문제는 그녀에게 달려 있습니다. 저로서는 그저 고통받는 그녀의 영혼을 편하게 해 주고 싶을 뿐입니다."

블라디미르 이바노비치는 어린아이처럼 순진하고 맑은 표정으로 네플류도프를 쳐다보았다. 그리고 수줍은 듯 미소를 지으면서 악수를 하고 밖으로 나갔다.

그 때, 마리아 파블로브나가 복도로 나왔다.

"카추샤의 생각은 어떻습니까? 그녀는 어떤 생각을 가지고 있습니까?"

네플류도프는 그녀에게 블라디미르 이바노비치가 한 이야기를 들려주고 나서 물었다.

마리아 파블로브나는 잠깐 생각하더니 말했다.

"그녀요? 당신도 알다시피 그녀는 그런 과거를 가진 여자지만, 선천적으로 도덕적인 여자예요. 감정도 아주 섬세하고요. 제가 알기로는, 카추샤는 당신을 사랑하고 있어요. 그래서 당신이 희생하는 것을 바라지 않는 것 같아요."

"그럼 어떻게 해야 하죠? 내가 그녀에게서 떠나야 할까요?"

네플류도프가 물었다.

"당신이 그녀와 직접 이야기해 보는 게 좋을 것 같아요. 모든 것을 확실히 해 두는 게 좋으니까요. 그녀를 불러다 드릴게요."

마리아 파블로브나가 말했다.

"그렇게 해 주시겠습니까?"

마리아 파블로브나가 안으로 들어가고, 곧 마슬로바가 복도로 나왔다.

"마리아가 가 보라고 해서요."

마슬로바가 네플류도프 곁으로 다가서며 조심스럽게 말했다.

"할 말이 있어서……. 조금 전 블라디미르 이바노비치에게 얘기를 들었소."

네플류도프가 블라디미르 이바노비치의 이름을 입 밖에 내자 마슬로바는 얼굴을 붉혔다.

"무슨 말을 했는데요?"

"그 사람은 당신과 결혼하고 싶다고 말하더군."

그녀는 갑자기 얼굴을 찡그리고 괴로운 기색을 보였다.

"그는 나의 동의와 조언을 바라고 있소. 그래서 나는 모든 것이 당신 뜻에 달린 거니까, 당신이 해결할 문제라고 대답했소."

"그게 무슨 말씀이에요?"

마슬로바는 언제나 네플류도프의 마음을 흔들어 놓는 매력적인 눈으로 그를 바라보았다.

"어쨌든 그건 당신이 결정할 문제요."

"저보고 뭘 결정하라는 말씀인가요? 이미 모두 결정된 것을……."

"당신은 블라디미르 이바노비치의 청혼에 대해 결정을 해야만 하오." 네플류도프가 말했다.

"저 같은 유형수가 어떻게 결혼을 할 수 있겠어요? 전 그분의 인생까지 망칠 수는 없어요."

"하지만 당신이 사면을 받게 된다면 어쩌겠소?"

"제발 저를 그냥 내버려 두세요. 전 더 이상 말씀드릴 게 없어요."

그녀는 단호한 목소리로 말하고 방 안으로 들어갔다.

네플류도프는 생각에 잠긴 채 조용히 숙소를 나와 여인숙을 향해 걸었다. 하늘에는 별이 총총했다. 여인숙까지의 길이 약간 멀긴 했으나, 가슴 가득히 시원한 공기를 들이마실 수 있어 대단히 상쾌했다.

그는 블라디미르 이바노비치와 나누었던 뜻밖의 이야기와 마슬로바의 단호한 태도에 당황했으나, 지금은 더 이상 그 문제에 신경을 쓰고 싶지 않았다. 자신이 쉽게 결단을 내릴 수 있는 문제도 아니려니와, 지금 상황으로서는 쉽게 결정을 지을 수도 없는 일이므로 의식적으로라도 피하고 싶은 심정이었다.

새로운 출발

다음 날 아침, 잠에서 깬 네플류도프는 마차를 부르게 하고, 여관 주인과 계산을 마쳤다.

얼마 지나지 않아 세 필의 말이 끄는 마차가 방울 소리를 울리며 달려왔다. 네플류도프는 그 마차를 타고 죄수 대열을 따라갔다.

오후 늦게 다음 기착지인 번화한 거리에 도착한 네플류도프는 즉시 우체국으로 마차를 달렸다.

네플류도프가 이름을 대자, 우체국 직원은 곧 상당한 분량의 우편물 다발을 내주었다. 네플류도프는 나무 벤치가 있는 곳으로 걸어가며 겉봉을 읽었다.

우편물 다발 속에는 송금 수표와 등기 우편이 한 통 들어 있었다. 네플류도프는 재빨리 봉투를 뜯었다. 그 속에서 한 통의 공문서와 변호사의 편지를 발견한 순간, 그는 긴장감으로 피가 머리로 솟구치며 가슴이 죄는 듯했다. 마슬로바에 대한 황제의 최후 결정이 적혀 있을 것이기 때문이다.

알아보기 힘든 필적으로 작게 쓴 변호사의 편지를 단숨에 읽고 난 그는 안도의 한숨을 내쉬었다. 황제에게 청원한 것이 이루어졌고, 특사 지령서 원본이 시베리아 행정부로 보내졌다는 것을 알리는 편지였던 것이다.

특사 지령서 사본의 내용은 다음과 같았다.

황제 폐하 직속 청원 사무국
황제 폐하 직속 청원 사무국장의 명에 따라 평민 예카테리나 마슬로바에게 다음과 같이 선고함.

황제 폐하께서는 기재된 마슬로바의 탄원에 자비를 베푸시어, 유형령을 취소하고, 시베리아가 아닌 다른 지방으로 이주시킬 것을 허락함.

매우 기쁘고도 중대한 소식이었다. 마슬로바를 위해, 그리고 자신을 위해 네플류도프가 바라던 일이 이루어진 것이다. 그러나 이제부터 그와 마슬로바의 관계는 새로운 복잡성을 띨 것이 분명했다. 마슬로바가 징역수였던 그 동안은, 그의 청혼도 공상적인 것에 지나지 않는 것으로서, 그녀의 입장과 마음을 편하게 해 주는 의미밖에 없었다. 그러나 그녀의 유형이 취소된 지금, 네플류도프에게는 사실상 그에 대처할 실제적인 준비가 되어 있지 않았다.

'아무튼 카추샤에게 이 소식을 전해 주자.'

네플류도프는 우체국을 나오자마자 죄수들이 있는 감옥을 향해 마차를 몰도록 했다.

그러나 소장은 장관의 허가 없이는 절대로 면회를 시킬 수 없다고 못박았다. 네플류도프가 도시의 감옥에서도 특별 면회가 가능했다고 말하자, 소장은 몹시 불쾌하다는 듯이 대꾸했다.

"거긴 거기고 여긴 여깁니다. 나는 상부의 지시 없이는 절대로 허락할 수 없습니다."

그 대답은 다음과 같은 뜻을 담고 있는 것 같았다.

'당신네 도회지 양반들은 우릴 깔보고 내리누를 생각을 하는 모양인데, 우리 동부 시베리아 사람들도 질서쯤은 엄격하게 지킬 줄 안단 말이야. 뭣하면 한번 본때를 보여 줄 수도 있지!'

황제 폐하 직속 사무국에서 온 서류의 사본을 보여 주어도 그는 막무가내였다. 누구를 석방하든지 직속 상관의 명령이 있어야 한다면서 그런 서류 따위는 아무 소용도 없다고 비웃듯이 말했다.

소장이 그토록 엄격했던 것은, 정원의 두 배 이상이나 수용하고 있는 감옥 안에 티푸스가 돌고 있었기 때문이다.

네플류도프는 아무 소득도 없이 마차를 타고 여관으로 돌아왔는데, 그 때 마부가 말했다.

"감옥에서 많은 사람들이 죽어 가고 있답니다. 무슨 전염병이 돈다나 봐요. 하루에도 20명씩 매장되고 있답니다."

저녁 때 네플류도프는 면회 허가를 받기 위하여 지방 장관 집으로 마차를 달렸다.

장관 집에서는 만찬이 한창이었다. 수도에서 온 백작이라는 사실에 장관은 즉석에서 특별 면회를 허락해 주었다.

무질서하고 타락했던 자기의 옛날을 연상시키는 화려한 사교계의 생활은 지금의 네플류도프에게는 어떤 감흥도 불러일으키지 못했다. 그러나 한편으로는 그렇게 깨끗하고 품위 있는 가정 생활이 부럽기도 하고, 아쉬운 듯한 생각이 들기도 했다.

네플류도프는 만찬에 참석했던 한 영국인과 함께 감옥으로 가기 위해 밖으로 나왔다. 기독교도인 그 영국인은, 시베리아의 유형과 감옥을 직접 관찰하기 위해 당국의 허가를 받고 거기까지 온 사람이었다.

날씨는 완전히 돌변했다. 함박눈이 펑펑 쏟아져 거리에는 온통 흰 눈이 쌓여 있었다.

소장은 네플류도프와 영국인에게 발부된 면회 허가증을 보더니, 언짢은 표정으로 두 방문객을 사무실로 안내했다. 그리고 용무를 물었다. 마슬로바를 만나러 왔다는 네플류도프의 말을 듣자, 소장은 그녀를 데려오라고 간수를 보냈다. 영국인은 네플류도프의 통역으로 소장에게 질문을 퍼부었다.

"이 감옥은 수용 인원이 몇 명입니까? 지금은 몇 명이 수용되어 있죠? 남자는 몇 명이고 여자는 몇 명입니까? 어린아이는? 징역수와 유형수, 그리고 자원해서 온 사람은 몇 명입니까? 환자는 또 몇 명입니까?"

네플류도프는 다가온 마슬로바와의 면회 생각을 하느라 영국인과 소장의 말을 건성으로 통역하고 있었다. 복도에서 발소리가 차츰 가까워지더니, 문이 열리고 간수의 뒤를 따라 마슬로바가 들어왔다.

네플류도프는 자리에서 일어나 그녀에게로 다가갔다. 마슬로바의 얼굴은 붉게 상기된 채 굳어져 있었다. 그것은 그녀가 그를 비난할 때의 표정이었다. 네플류도프와 눈이 마주치자, 그녀는 곧 시선을 아래로 떨구었다.

"특사가 내려졌다는 사실을 알고 있소?"

네플류도프가 물었다.

"네, 긴수기 알려 주더군요."

"서류가 도착하는 대로 당신은 석방되어 원하는 곳에서 마음대로 살 수 있소. 우리도 잘 생각해서……."

마슬로바는 재빨리 네플류도프의 말을 가로막았다.

"블라디미르 이바노비치를 따라갈 거예요. 전 다른 일에 대해선 생각하지 않기로 했어요."

그녀는 몹시 흥분해 있었으나, 미리 외워 둔 대사를 읽는 것처럼 빠르고 분명하게 말했다.

"그래요……."

"만일 그분이 저와 함께 살기를 원한다면, 아니 제가 곁에 있어 주기를 바란다면, 저로서는 그보다 더 좋은 일이 어디 있겠어요? 전 그걸 행복이라고 생각하겠어요. 그 밖에 뭘 더……."

마슬로바는 거기서 말을 멈추었다. 자기의 복잡한 마음을 어떻게 표현해야 할지 모르겠다는 표정이었다.

"당신이 그를 사랑한다면……."

네플류도프가 나직하게 말했다.

"그런 건 문제가 아니에요. 전 이미 사랑 같은 건 오래 전에 떨쳐 버렸어요. 그리고 블라디미르 이바노비치는 다른 사람과 좀 다르잖아요."

"그야 물론 그는 훌륭한 사람이오. 나도 그렇게 생각하고 있소."

그녀는 사시인 듯한 그 신비스러운 눈으로 그를 바라보면서 말했다.

"그게 아니에요. 당신이 원하시는 대로 하지 못하는 것을 용서해 주세요. 정말 이럴 수밖에 없어요. 당신도 이젠 당신의 삶을 찾아야 하지 않겠어요?"

"이렇게 될 줄은 몰랐소."

네플류도프는 한숨을 쉬었다.

"당신이 저 때문에 이런 곳에서 고생을 할 이유는 없잖아요. 당신은 지금까지 할 만큼 하셨어요."

마슬로바는 쓸쓸한 미소를 지었다.

"그건 고생이 아니었소. 아니, 오히려 유쾌했소. 그래서 난 될 수만 있으면 당신을 끝까지 도와주고 싶은데……."

마슬로바는 고개를 저었다.

"저에겐……. 아무것도 필요한 게 없어요. 당신은 저를 위해 너무 많은 수고를 하셨어요. 그리고 참으로 친절하셨어요. 만일 그런 당신의 도움이 없었더라면……."

그녀는 목이 메어 말을 잇지 못했다.

"난 당신에게 그런 말을 들을 자격이 없소. 내가 할 일을 했을 뿐이니까."

네플류도프가 말했다.

"그 보답은 하느님께서 대신 해 주실 거예요."

마슬로바의 까만 눈에서 참았던 눈물이 흘러내렸다.

"카추샤, 당신은 정말 훌륭한 여자요!"

"무슨 그런 말씀을……."

"아니오, 당신은 참으로 마음이 깨끗한 여자요."

"그만, 이젠 제발 그만 해 주세요."

그녀는 울먹이며 말했다. 북받쳐오르는 울음을 미소로 감추며, 그녀는 네플류도프를 뚫어지게 바라보았다.

"다 끝났습니까?"

영국인이 물었다.

"네, 잠시만⋯⋯."

네플류도프는 영국인을 향해 미소를 지어 보인 다음, 마슬로바에게 폐결핵을 앓는 크르일리초프에 대해 물었다.

마슬로바는 마음을 가라앉히고 그가 묻는 말에 침착하게 대답했다.

"오는 도중 상태가 아주 나빠져서 도착하자마자 곧 병원으로 옮겨졌어요. 마리아 파블로브나가 간호할 수 있게 병원으로 보내 달라고 간청했지만, 끝내 허락되지 않았어요."

"그거 정말 안 됐구려. 내가 어떻게 힘써 보겠소."

네플류도프가 말했다.

"그만 돌아갈게요."

그녀는 영국인이 기다리고 있는 것을 눈치채고 말했다.

"다시 만나게 될 테니까, 작별 인사는 그만두겠소."

"용서하세요."

마슬로바는 들릴락말락 나직한 목소리로 말했다.

두 사람의 눈길이 마주쳤다. '안녕히 가세요'가 아니라 '용서하세요'라고 말할 때의 마슬로바의 묘한 시선과 애처로운 미소로 네플류도프는 그녀의 참마음을 알 수 있었다. 그녀는 그를 자유롭게 해 주기 위해 블라디미르 이바노비치와 함께 떠나려고 하는 것이었다. 그녀는 그런 결심을 한 자신을 대견하게 생각하면서도 한편으로는 네플류도프와의 이별을 슬퍼하고 있었다.

마슬로바는 네플류도프가 내민 손을 가볍게 잡았다가 재빨리 돌아서서 나갔다.

네플류도프는 자기를 기다리고 있는 영국인을 쳐다보았다. 그는 무엇인가 열심히 수첩에 써 넣고 있었다. 네플류도프는 그에게 방해가 되지 않으려고 벽 쪽의 나무 의자에 걸터앉았다. 별안간 피로가 엄습해 왔다.

잠을 충분히 못 잤거나 여행으로 인한 흥분에서 오는 피로가 아니라, 인생 전체에 대해 완전히 지쳐 버린 것 같은 피로감이었다. 네플류도프는 의자 등받이에 기대어 눈을 감자마자 깊은 잠에 빠졌다.

"감방을 돌아보셔야지요."

네플류도프는 소장이 흔들어 깨우는 바람에 눈을 떴다. 그는 몸이 피곤하여 내키지 않았으나, 하는 수 없이 영국인과 함께 소장의 뒤를 따라갔다.

그들은 징역수가 있는 제1감방으로 들어갔다. 방 한복판에 나무 침대가 있는데, 70명 가량의 죄수들이 몸을 맞댄 채 누워 있었다. 방문객들이 들어서자, 죄수들은 철커덕거리는 쇠사슬 소리를 내며 반만 깎인 머리를 들고 자리에서 일어나 침대 옆에 섰다. 그러나 그 중 두 사람은 꼼짝도 하지 않았다. 한 사람은 눈이 빨갛게 충혈된 젊은이였고, 또 한 사람은 연방 신음 소리를 내고 있는 나이 많은 노인이었다.

영국인은 소장에게 환자의 상태에 대해서 물었다. 소장은, 젊은이는 오늘 갑자기 앓기 시작했고, 늙은이는 배탈이 난 지 오래 되었으나, 병원이 만원이라 어쩔 수 없다고 간단하게 대답했다. 영국인은 못마땅하다는 듯이 고개를 설레설레 흔들고는 네플류도프에게 통역을 부탁했다. 그는 시베리아의 유형지와 감옥에 대한 조사 외에 그리스도교 전도라는 또 한 가지 목적을 가지고 있었다.

"이 사람들에게 전해 주십시오. 그리스도께서는 이들을 불쌍히 여기시고 사랑하셨다고, 그리고 이들을 위해 세상을 떠나셨다고. 만일 이들이 그리스도를 믿는다면 구원을 받을 수 있다고 말씀해 주십시오."

네플류도프는 영국인의 말대로 그들에게 통역해 주었다. 그러나 죄수들은 아무 반응도 나타내지 않고, 그저 힘없이 손을 늘어뜨린 채 묵묵히 서 있었다.

"이 책 속에 모든 말씀이 들어 있습니다. 여기 글을 읽을 줄 아는 분은 안 계십니까?"

죄수들 중 약 20명 가량이 글을 읽을 줄 안다고 나섰다. 영국인은 가방 속에서 성경 몇 권을 꺼내어 새까맣고 거친 그들의 손에 쥐어 주었다.

다음 감방 역시 먼젓번 감방과 마찬가지였다. 서로 몸을 맞댄 채 누워 있다가 침대에서 벌떡 일어나는 동작까지도 똑같았다. 그 방에도 역시 자리에서 일어나지 못하는 환자가 세 사람 있었다. 영국인은 그들에게 조금 전과 같은 말을 되풀이하고, 역시 성경 두 권을 건네주었다.

그들이 세 번째 감방 앞에 이르렀을 때, 안에서 고함을 지르며 싸우는 소리가 들려왔다. 소장은 문을 발로 탕탕 차며 조용히 하라고 외쳤다.

문이 열리자, 그들은 일제히 침대에서 일어나 부동 자세를 취했다. 그러나 싸우고 있던 두 죄수와 환자만은 제자리에 그대로 있었다. 한 죄수는 머리카락을, 다른 죄수는 상대방의 턱수염을 서로 움켜쥐고 있다. 소장이 안으로 들어갔을 때야 비로소 손을 놓고 한 사람은 코피와 콧물이 뒤범벅이 된 얼굴을 소맷자락으로 닦고, 또 한 사람은 턱수염을 어루만졌다,

"감방장! 말리지 않고 뭘 하는 거야!"

소장이 거칠게 소리를 지르자, 힘깨나 쓸 것처럼 생긴 사내가 앞으로 나섰다.

"도무지 말릴 수가 없었습니다, 소장님!"

그는 재미있다는 듯 눈웃음까지 치면서 말했다.

"왜 싸우는 겁니까?"

감옥 안을 가만히 둘러보고 있던 영국인이 네플류도프에게 물었다.

네플류도프는 싸우게 된 동기를 감방장에게 물어 보았다.

"남의 걸 빼앗아 먹으려다 싸움이 났습니다."

네플류도프는 들은 대로 설명해 주었다.

"이들에게 잠시 동안 이야기를 하고 싶습니다."

영국인은 소장을 바라보며 말했다.

"그렇게 하십시오."

소장이 허락하자, 영국인은 진지한 표정으로 말하기 시작했다.

"당신들은 서로 주먹다짐을 하며 싸웠습니다. 우리를 대신하여 돌아가신 주님께서는 우리에게 싸움을 해결하는 방법을 가르쳐 주셨습니다. 그게 뭔지 아십니까?"

목소리가 굵직한 죄수가 뒤에서 말했다.

"상관에게 얘기하면 해결해 줍니다."

또 다른 죄수가 말했다.

"아니, 때려 주어야 합니다. 그래야만 다시는 싸우지 않습니다."

그러자 여기저기서 웃음소리가 터져 나왔다.

"아닙니다. 그리스도께서 말씀하시기를, 한쪽 뺨을 맞으면 다른 쪽 뺨도 내밀라고 하셨습니다."

영국인은 자기 뺨을 내미는 시늉을 해 보이며 말했다.

"스스로 한번 해 보시지."

누군가가 비웃듯이 말했다.

"나머지 뺨까지 맞으면, 그 다음엔 어떤 뺨을 내밀지?"

누워 있던 환자의 말에 다른 사람이 맞장구를 쳤다.

"그러다간 몸이 당해 내지 못하지."

"어디 그럼 시험삼아 한번 해 보시오!"

뒤쪽에서 누가 이렇게 소리치자, 감방 안은 웃음소리로 떠들썩해졌다. 싸우다가 얻어맞고 코피를 흘리던 죄수도 웃었고, 누워 있던 환자들도 몸을 들썩이며 웃어 댔다.

그러나 영국인은 조금도 당황하거나 불쾌하게 생각하지 않는 것 같았다. 그는 계속해서 이야기를 하며 성경을 나누어 주었다. 다섯 번째, 여섯 번째 방에서도 그와 비슷한 일이 벌어졌고, 그 영국인은 설교를 하며 성경을 나누어 주었다.

네플류도프는 그저 묵묵히 영국인을 따라다녔는데, 한 감방에서 이상한 노인을 만났다. 얼굴이 온통 주름살투성이인 그 노인은, 침대 옆 마룻바닥에 주저앉아 무서운 눈으로 소장을 노려보고 있었다.

소장이 들어서자, 다른 감방에서처럼 그 곳에서도 모두들 일어섰다. 그러나 그 노인만은 앉은 채로 꼼짝도 하지 않았다. 노인의 눈썹은 분노로 한쪽 끝이 치켜올라가고, 눈은 이글이글 타고 있었다.

"일어낫!"

소장은 못마땅하다는 듯 소리쳤다.

그러나 노인은 꼼짝도 하지 않고 경멸하는 듯한 웃음을 지을 뿐이었다.

"뭐라고? 당신 부하나 당신 앞에서 일어서지, 왜 내가 일어서! 내가 당신 종이오?"

"뭐가 어쩌고 어째!"

소장은 불끈 화를 내며 노인에게로 다가섰다.

"아, 잠깐! 이 노인은 무슨 죄를 지어서 수감됐나요?"

네플류도프가 둘 사이를 가로막으며 물었다.

"여권이 없다는 이유로 경찰에서 보내 왔는데, 이런 자들은 정말 골칫거리랍니다."

소장은 화가 안 풀린 듯 노인을 흘겨보면서 대답했다.

"당신도 반기독교인이오?"

노인이 네플류도프에게 물었다.

"아니, 나는 그저 감방 안을 보러 온 사람이오."

"그럼 반기독교인이 인간을 구박하는 걸 보러 왔단 말이오? 자, 그렇다면 마음껏 보시오. 사람을 잡아다가 한 우리 속에 처넣어 두는 걸! 인간이란 땀을 흘리며 빵을 먹어야 하는데, 이런 우리 속에 가두어 놓고는 돼지처럼 먹이기만 하고 꼼짝도 못하게 하니, 자연 짐승이 되는 수밖에 없지 않겠소?"

뭐라고 하느냐는 영국인의 질문에, 네플류도프는 사람을 죄없이 잡아다가 가두어 놓고 있다고 불평하는 것이라고 대답해 주었다.

"노인에게 물어 봐 주시오. 그렇다면 법을 지키지 않는 사람을 어떻게 다루어야 하는가를."

네플류도프는 영국인이 말한 그대로 노인에게 통역해 주었다.

그러자 노인은 고르고 하얀 이를 드러내고 웃으면서 말했다.

"뭐요? 법이라고요? 흥, 상대방이 먼저 땅이며 재산을 빼앗고, 거기에 항의하는 자들을 죽여 놓고는 이제 와서 살인을 하지 마라, 약탈하지 마라 하는 따위의 법도 법이오? 사실은 그런 법이 나오기 전에 그놈들을 다스리는 법부터 나와야 했어요."

네플류도프의 통역에 영국인은 이해가 간다는 듯이 머리를 끄덕이며 웃었다.

"어쨌든 사람은 자기 할 일만 하면 돼. 남의 일에 간섭할 필요가 없어. 어디까지나 나는 나고 너는 너야. 누구를 처벌하고 누구를 용서한다는 건 하느님이 할 일이지, 우리 인간이 할 일은 아니오!"

노인은 네플류도프를 노려보며 격한 음성으로 소리쳤다.

영국인은 성경을 다 나누어 주고 난 후에는 더 이상 설교도 하지 않았다. 죄수들의 괴로워하는 모습과 숨이 막힐 것 같은 분위기에 억눌렸는지 입을 다문 채 감방을 돌아다녔다.

복도 끝에 음산해 보이는 방이 있었다. 영국인이 무슨 방이냐고 물었다. 소장은 시체 안치실이라고 대답했다. 영국인은 안으로 들어가 보고 싶다고 말했다.

시체 안치실은 별로 크지 않은 평범한 방이었다. 벽에 켜져 있는 작은 램프가 나무 침대 위에 있는 네 구의 시체와, 한쪽 구석에 쌓여 있는, 그들의 것으로 보이는 배낭을 희미하게 비춰 주었다.

첫 번째 시체는 뾰족한 턱수염을 짧게 기른 키 큰 사내였다. 그 옆에는 맨발에 숱이 적은 머리를 땋아 내린 주름투성이 노파가 누워 있었다. 그 뒤로 보랏빛 옷을 걸친 남자의 시체가 있었다. 그 보라색은 네플류도프에게 무엇인가 생각나게 했다. 네플류도프는 성큼 그쪽으로 다가갔다.

짧은 턱수염에 곧고 아름다운 코, 수려하고 반듯한 이마, 숱이 별로 많지 않은 곱슬머리. 그는 바로 크르일리초프였다. 노여워하고 흥분하고 괴로움을 참지 못했던 그 얼굴은 온데간데없고, 지금은 소름이 끼칠 정도로 아름답고 평화롭게 잠들어 있었다.

그 얼굴을 보며 네플류도프는 생각에 잠겼다.

'어째서 그는 그렇게 괴로워했을까? 무엇 때문에 살았을까? 그리고 그는 지금 그런 것들을 깨달았을까?'

그러나 죽음 이외에는 답이 없는 것 같았다.

네플류도프는 몹시 심란한 기분이 들었다. 그는 영국인에게 작별 인사도 하지 않고 소장에게 밖으로 안내해 달라고 부탁했다. 그리고 곧장 마차를 타고 여관으로 향했다.

네플류도프는 오랫동안 잠을 이루지 못하고 여관방에서 서성거렸다. 마슬로바에 대한 문제는 이제 모두 끝나 버렸다. 그녀에게는 더 이상 자신이 필요하지 않게 된 것이다. 네플류도프는 그것이 슬프기도 하고, 한편 부끄럽기도 했다. 그러나 지금 그를 괴롭히는 것은 그 때문이 아니었다. 선과 악, 정의와 불의, 그리고 삶과 죽음 같은 것이 그에게 의문을 던져 왔다. 그는 지금 그것을 어떻게 받아들이고 소화시키느냐 하는 문제로 마음속이 여간 복잡하지 않았다.

몸과 마음이 지친 네플류도프는 램프 앞의 소파에 앉았다. 그리고 책상 위에 던져 두었던 성경을 아무 생각 없이 들추어 보았다. 영국인이 기념으로 준 것이었다.

'모든 말씀이 여기 있다고 했지.'

네플류도프는 영국인의 말을 생각하며 펼쳐져 있는 곳을 읽기 시작했다. 마태복음 18장이었다.

그 때에 제자들이 예수께 나아가 가로되, 천국에서는 누가 큽니까? 예수께서 한 어린아이를 불러 저희 가운데 불러 세우시고 말씀하시길, 진실로 너희에게 이르노니, 너희가 돌이켜 어린아이와 같이 되지 아니하면 결단코 천국에 들어가지 못하리라. 그러므로 누구든지 내 이름으로 이런 어린아이 하나를 영접하면 곧 나를 영접함이니, 누구든지 나를 믿는 이 소자 중 하나를 실족케 하면 차라리 연자맷돌을 그 목에 달고 깊은 바다에 빠지는 것이 나으리라…….

네플류도프는 무슨 말인지 확실히 알 수가 없었으나, 그 뒤를 계속 읽어 나갔다.

……. 그 때에 베드로가 나와서 가로되, "주여, 형제가 내게 죄를 범하면 몇 번이나 용서해 주어야 합니까? 일곱 번까지 용서해 주어야 합니까?" 예수께서 말씀하시길, "네게 이르노니 일곱 번뿐 아니라 일흔 번씩 일곱 번이라도 할지니라."…….

얼마 후, 네플류도프는 꼼짝도 하지 않고 타오르는 램프의 불빛을 바라보고 있었다. 그러면서 만일 성경에 쓰여 있는 대로 살아 나간다면, 우리의 삶이 어떻게 변할 것인가 곰곰이 생각해 보았다. 그러자 그 동안 느껴 보지 못했던 환희가 그의 가슴속에서 용솟음쳤다. 그것은 마치 오랜 고통과 괴로움에서 벗어나 갑자기 안식과 자유를 얻은 것 같은 그런 느낌이었다.

그는 밤새도록 자지 않고 성경을 읽었다. 그리하여 성경을 읽은 많은 사람들이 경험했듯이, 지금껏 몇 번이나 읽으면서도 발견하지 못했던 구절의 의미를 확실히 이해하고, 마치 스펀지가 물을 빨아들이듯이 자기에게 필요하고 중요한 부분을 기쁜 마음으로 받아들였다.

그날 밤 이후로 네플류도프에게는 전혀 새로운 생활이 시작되었다. 그것은 새로운 환경에서 살게 되었기 때문이라기보다 그 때부터 일어난 모든 일이 전과는 전혀 다른 새로운 의미를 지니게 되었기 때문이다.

그의 이 새로운 인생이 어떻게 끝을 맺을는지는 미래가 보여 줄 것이다.

작품 알아보기
(장편문학)

〈부활〉은 톨스토이가 쓴 마지막 장편 소설로, 〈전쟁과 평화〉, 〈안나 카레니나〉와 함께 그의 3대 작품 중 하나로 세계적으로 유명하다. 톨스토이는 그의 친구 코니에게서 들은 이야기로 이 작품을 구상하게 되었는데, 처음에는 〈코니의 수기〉라는 제목으로 발표되었다.

젊은 귀족 네플류도프는 하녀 카추샤를 유혹하여 임신시키는 것으로 사건이 전개된다. 그 뒤 매춘부가 된 카추샤는 한 살인 사건에 연루되고, 네플류도프는 그녀를 구하기 위하여 모든 노력을 기울인다. 그리하여 유형수가 된 그녀의 뒤를 좇아 자신도 시베리아로 떠난다. 도중 그는 여러 가지로 그녀를 보호하고, 형사범에서 정치범으로 옮겨 노동량을 줄여 주기도 한다. 마침내 카추샤는 네플류도프의 노력으로 석방되고, 네플류도프는 성경의 복음서 속에서 갱생의 길을 발견한다.

이 작품에는 당시 러시아의 상류 계급과 하류 계급을 네플류도프와 카추샤와의 관계를 통해 비유적으로 잘 나타냈다. 하지만 무엇보다 가장 설득력 있게 그려낸 것은 재판과 형무소의 실태인데, 당시 러시아의 법률이 얼마나 허점투성이었는지 적나라하게 폭로하고 있다.

논술 길잡이
(장편문학)

❶ 네플류도프는 성실하고, 순수하며, 옳은 일을 위해서는 자기 몸까지도 아끼지 않는 청년이었다. 그러나 점차 타락하여 아래 그림처럼 쾌락을 추구하는 이기주의자로 변해 간다. 네플류도프가 이렇게 변화하게 된 이유가 무엇인지 본문에서 찾아 써 보자.

논술 길잡이
(장편문학)

❷ 다음은 카추샤(마슬로바)가 시베리아로 유형을 가는 도중, 많은 사람들과 만나면서 변화된 자신의 생각을 나타낸 부분이다. 여기에서 말하는 '한평생 모르고 지냈을지도 모를 일들'은 어떤 일들인지 당시 러시아 사회와 관련지어 써 보자.

> 유형 판결을 받았을 때 나는 너무 슬퍼서 울었다. 하지만 지금은 하느님께 감사를 드려야 해. 어쩌면 한평생 모르고 지냈을지도 모를 일들을 비로소 알게 되었으니까.

논술 길잡이
(장편문학)

❸ 황제의 특사로 석방 된 후, 마슬로바는 네플류도프에게 '용서하세요' 라고 말하고 떠나간다. 마슬로바가 네플류도프의 청혼을 거절하고 떠난 이유는 무엇인지 본문을 토대로 써 보자.

....

....

....

....

❹ 이 소설은 네플류도프가 선과 악, 정의와 불의, 삶과 죽음 같은 문제들에 대한 새로운 깨달음을 얻고 다시 태어나는 것으로 끝난다. 이후 네플류도프의 삶이 어떠할지 뒷부분에 이어질 내용을 상상해서 써 보자.

....

....

....

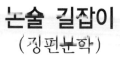

논술 길잡이
(장편문학)

❺ 이 소설의 제목인 '부활'이 의미하는 것은 무엇인지, 주인공
네플류도프의 행적을 통해서 설명해 보자.

....

....

....

....

....

❻ 톨스토이의 작품 세계에 대해 조사해 보고, 〈부활〉에 나타난
톨스토이의 문학의 특징에 대해 써 보자.

....

....

....

....

....

논·술·세·계·대·표·문·학 〈전60권〉

펴 낸 이   정재상
펴 낸 곳   훈민출판사
주   소   경기도 고양시 덕양구 원당동 416번지
대표전화   (031)962-3888
팩   스   (031)962-9998
출판등록   제395-2003-000042호

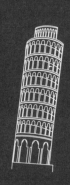